Reinhard Kekulé

Hebe, eine archäologische Abhandlung

unikum

Reinhard Kekulé

Hebe, eine archäologische Abhandlung

ISBN/EAN: 9783845743790
Erscheinungsjahr: 2012
Erscheinungsort: Bremen, Deutschland

www.unikum-verlag.de | office@unikum-verlag.de

Reinhard Kekulé

Hebe, eine archäologische Abhandlung

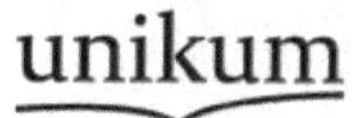

HEBE

EINE

ARCHÄOLOGISCHE ABHANDLUNG

VON

REINHARD KEKULÉ

MIT FÜNF TAFELN IN STEINDRUCK

LEIPZIG

VERLAG VON WILHELM ENGELMANN

1867

HEINRICH BRUNN

ZUGEEIGNET

I.

Gleichniss und Personification sind die mächtigsten Wurzeln des künstlerischen Schaffens in Sprache Mythus und Poesie. Wie bei allen Völkern und zu allen Zeiten Jugend und Blüte, Jugend und Frühling als Wechselbegriffe galten, so kehrt in der griechischen Litteratur von Homer an der Ausdruck ἥβης ἄνθος beständig wieder[1]; das selbe Wort ἥβη und ἡβᾶν bezeichnet die Jugend des Menschen, die Jugend des Thieres und die Blüte der Pflanze[2]. Die Geschlechter der Menschen entstehen wie die Blätter der Bäume im Frühling[3], und berühmt ist das schöne Wort des Perikles in der Leichenrede, da die Jugend im Kampfe gefallen, sei es als ob der Frühling aus dem Jahre weggenommen sei[4].

---

[1]) Il. 13, 484 καὶ δ᾽ ἔχει ἥβης ἄνθος, ὅ τε κράτος ἐστὶ μέγιστον.
Hesiod. theog. 988 τόν ῥα νέον τέρεν ἄνθος ἔχοντ᾽ ἐρικυδέος ἥβης.
Tyrt. 10,27 (Bergk) νέοισι δὲ πάντ᾽ ἐπέοικεν,
ὄφρ᾽ ἐρατῆς ἥβης ἀγλαὸν ἄνθος ἔχῃ.
Mimnerm. 1,4. 2,3. Solon 25. Theogn. 1007. Simonid. 85,7. Pindar Pyth. 4,158. Meineke Fragm. com. II p. 580 (μισάνθρωπον ἄνθος ἥβης von den Jünglingen selbst). p. 1137 (σταθερὰ δὲ κάλυξ νεαρᾶς ἥβης).

[2]) Eustath. p. 943,10 .... λέγεται δὲ καὶ ἐπὶ κτηνῶν ἡ ἥβη. φησὶ γοῦν Ἡσίοδος ἥβης μέτρον ἔχοντες [Op. 438]. καὶ ἐπὶ φυτῶν δέ· ἡμερίδες γὰρ ἐν Ὀδυσσείᾳ ἡβώωσαι [5,69]. λέγεται δὲ ἥβη οὐ μόνον ἐπὶ ἡλικίας, ἀλλὰ καὶ τὰ περὶ τὸ αἰδοῖον· καὶ χρόνος ἥβης, ὅτε τὰ ἐκεῖ τριχοῦνται. τὸ δὲ ἥβης ἄνθος ἀφορμή ἐστι τοῦ ἔρνει βρύοντι ἀπεικασθῆναι τινὰ παρὰ τῷ ποιητῇ. Theokr. 5,109 μή μευ λωβασεῖσθε τὰς ἀμπέλος· ἐντὶ γὰρ ἅβαι. Vgl. Hesych. ἥβη und ebd. Schmidt.

[3]) Hom. Il. 6,146 Mimnerm. 2 (Bergk).

[4]) Aristot. Rhetor. 1,7 ... Περικλῆς τὸν ἐπιτάφιον λέγων, τὴν νεότητα ἐκ τῆς πόλεως ἀνῃρῆσθαι, ὥσπερ τὸ ἔαρ ἐκ τοῦ ἐνιαυτοῦ εἰ ἐξαιρεθείη. Vgl. 3,10 und die Aeusserung des Gelon bei Herodot 7,162 und daselbst Valckenaer. Athenaeus 3 p. 99 d καὶ Δημάδης δὲ ὁ ῥήτωρ ἔλεγε ..... ἔαρ δὲ τοῦ δήμου τοὺς ἐφήβους. Cicero De senect. 19,70 ver enim tamquam adulescentiam significat. — Wie ἥβη die pubes bezeichnet (Meineke Fragm. com. II, 807. Vgl. Hesych. ἡβήσας.

Die mythologische Personification dieser Jugendblüte der gesammten Natur ist die Göttin Hebe. Sie wird die Tochter der Hera vom Zeus genannt[1]: die Blüten- und Frühlingsgöttin ist das Kind des Himmels und der leuchtenden Luft; und wie für diese Natursymbolik des Zeus und der Hera[2]), so liegen auch für den ursprünglichen Sinn der Hebe noch einzelne Züge erkennbar vor. In Sikyon und Phlius wurde die Göttin unter dem altehrwürdigen der *Διώνη*[3])

τριχώσας Eustath. a. O.) so nennt Krinagoras Anth. 6,242 den ersten Flaum *τὸ πρῶτον γενύων ἠιθέοισιν ἔαρ*. Für den Ausdruck pubescere von Pflanzen vgl. Vergil A. 4,514. Ovid. Trist. 3,12,7. Cicero Tusc. I, 28. — *ἥβη* wird auf √ div, dyu (leuchten) zurückgeführt =yâv—yâ. S. G. Curtius Griech. Etymol. II S. 163. Legerlotz in Kuhn's Zeitschrift VII, 298. Auf eine Wurzel ähnlicher Bedeutung, nemlich √ us, vas geht *ἔαρ*=*Ϝεσ—αρ*. S. Curtius a. O. I S. 43. 355 f. Aufrecht in K. Z. I, 350 f. Savelsberg VII, 384 f. Auf die selbe Wurzel ist *εἶαρ* in der Bedeutung Blut unmittelbar zu führen, entsprechend altlateinisch assir u. s. w. S. Kuhn in K. Z. II, 136 f. Savelsberg VII, 385. Legerlotz VIII, 54. Schmidt IX, 294. Davon übertragen ist dann *ἔαρ ἐλαίης*, das mit *ἔαρ πόθων* u. drgl. nicht zusammengestellt werden kann. — Ueber Hebon vgl. Welcker Griech. Götterlehre I S. 370 und die Inschrift bei Henzen im Bullettino d. J. 1847,105.

[1]) Hesiod. Theog. 921 *λοισθοτάτην δ' Ἥρην θαλερὴν ποιήσατ' ἄκοιτιν·*
ἣ δ' Ἥβην καὶ Ἄρηα καὶ Εἰλείθυιαν ἔτικτε,
μιχθεῖσ' ἐν φιλότητι θεῶν βασιλῆι καὶ ἀνδρῶν.
Vgl. Od. 11,604. Pausan. 2,13,3 .... *Ὠλῆνι δὲ ἐν Ἥρας ἐστὶν ὕμνῳ πεποιημένα τραφῆναι τὴν Ἥραν ὑπὸ Ὡρῶν, εἶναι δέ οἱ παῖδας Ἄρην τε καὶ Ἥβην*. Pind. Nem. 7,4. 10,17. Isthm. 3,76. Apollod. 1,3,1 *Ζεὺς δὲ γαμεῖ μὲν Ἥραν καὶ τεκνοῖ Ἥβην, Εἰλείθυιαν, Ἄρην*. — Die Notiz des Mythogr. vat. I, 204 Heben genuit Juno de Jove, secundum quosdam de lactuca ist wol nur aus Nachahmung der Sage von der Geburt des Hephäst zu erklären, wie diese auch auf Ares übertragen worden ist (Ovid. Fast. 5, 255). Wertlos ist Mythogr. vat. I, 184 Hebe filia Minois, filii Jovis.

[2]) Der ursprüngliche Sinn der Hera ist bekanntlich eine der schwierigsten mythologischen Fragen. Ich glaube trotz der dagegen gerichteten Erörterungen von Welcker (Anhang zu Schwenck Andeutungen S. 267 ff. Götterlehre I S. 362 ff.) der von Gerhard Myth. § 214. Preller Gr. Myth. I S. 124 ff. und Pott K. Z. VII, 82 f. vertretenen Erklärung, mit welcher die Rückführung auf √ svar (Leo Meyer bei Curtius Etym. I S. 96) stimmt, folgen zu müssen.

[3]) Gerhard Mythol. 559. Preller Griech. Myth. I S. 97, 5. Vgl. Sonne in K. Z. X, 416. — Welcker Götterlehre I S. 355 »... es ist kaum zu glauben, dass diese in allen verwandten Religionen vorkommende Tochter allein der Dione von Anbeginn gefehlt haben sollte. Aber wie wir im Fortschritt der Zeiten der Tochter der Hera eine andere Bestimmung zur Mundschenkin des Olymps gegeben sehen....., so kann sehr leicht auch die ursprüngliche Dionäa, wie sie denn geheissen habe, ihre Bedeutung für den Cult verloren haben, zumal da sich dieser hauptsächlich dem Orakel zuwandte. Daher die Vermuthung dass hier aus einer

und dea dia[1]) verwandten Namen *Δία*, der »himmlischen« angebetet[2]). In dem weinbauenden Phlius[3]), der »Blütestadt«, war sie als vornehmste Gottheit auf der Akropolis verehrt; kein Bild stand in ihrem Tempel, aber ein *ἱερὸς λόγος* feierte sie; Asylrecht schmückte ihr Heiligtum und an den immergrünen Cypressen des der Göttin geweihten Haines hingen die befreiten Sklaven die Fesseln zu ihrem Preisse an. Die eben dort alljährlich ihr erneute Feier der *κισσοτόμοι* giebt sich leicht als den dionysischen Frühlings- und Freudenfesten entsprechend zu erkennen[4]). Denn dessen Feier beginnt mit der ersten Blüte des Weinstocks[5]); die Personification der fruchtbringenden Rebe, die Ikariostochter *Ἠριγόνη* ist die »Lenzgeborene«[6]) und noch in einem Rätsel des Chaeremon heisst die Rebe die Braut

---

Hebe Dionäa nur durch poetische Verwandlung die auf menschliche Jugendblüte und die thierischen Triebe angewiesene Aphrodite hervorgegangen ist. Ist in Ephesos die asiatische, so verschiedene Göttin mit einer griechischen so früh verschmolzen worden, warum sollte nicht auch eine dodonäische Hebe in einer ursprünglich asiatischen Göttin untergegangen sein?« Für diese Auffassung Welcker's würde sich vielleicht die Notiz bei Servius A. 3,466 verwenden lassen:... narratur et aliter fabula: Juppiter quondam Hebae filiae tribuit duas columbas humanam vocem edentes, quarum altera pervolavit in Dodonae glandiferam silvam Epiri, ibique consedit in arbore altissima praecepitque ei qui tum eam succidebat ut ab sacrata quercu ferrum sacrilegum submoveret: ibi oraculum Jovis constitutum est, in quo sunt vasa aenea quae uno tactu solebant sonare. Altera autem columba pervenit in Libyam et ibi consedit super caput arietis praecepitque ut Jovis Ammonis oraculum constitueretur. In der Theogonie 16 wird Hebe zwischen Aphrodite und Dione genannt:

καὶ Θέμιν αἰδοίην ἑλικοβλέφαρόν τ᾽ Ἀφροδίτην
Ἥβην τε χρυσοστέφανον, καλήν τε Διώνην.

1) Marini Gli atti e monumenti de' fratelli arvali I p. XXIII ss. Schwenck Mythol. der Römer S. 216 ff. Preller Röm. Mythol. S. 424 ff.

2) Strabo 8 p. 382 *τιμᾶται δ᾽ ἐν Φλιοῦντι καὶ Σικυῶνι τὸ τῆς Δίας ἱερόν· καλοῦσι δ᾽ οὕτω τὴν Ἥβην.*

3) E. Curtius Peloponn. II S. 470 f.

4) Pausan. 2,13,3... *παρὰ δὲ Φλιασίοις τῇ θεῷ ταύτῃ καὶ ἄλλαι τιμαὶ καὶ μέγιστον τὸ ἐς τοὺς οἰκέτας ἐστί· δεδώκασι γὰρ δὴ ἄδειαν ἐνταῦθα ἱκετεύουσι, λυθέντες δὲ οἱ δεσμῶται τὰς πέδας πρὸς τὰ ἐν τῷ ἄλσει δένδρα ἀνατιθέασιν· ἄγεται δὲ καὶ ἑορτή σφισιν ἐπέτειος, ἣν καλοῦσι Κισσοτόμους. ἄγαλμα δὲ οὔτε ἐν ἀπορρήτῳ φυλάσσουσιν οὐδέν, οὔτε ἐστὶν ἐν φανερῷ δεικνύμενον· ἐφ᾽ ὅτῳ δὲ οὕτω νομίζουσιν, ἱερός ἐστιν αὐτοῖς λόγος.* Vgl. ebd. 12, 4.

5) Vgl. Preller Griech. Mythol. I S. 528 ff. A. Mommsen Heortologie S. 67. 369 f. Pindar fragm. 53 (Bergk).

6) Vgl. Preller Gr. Myth. I S. 525. *Ἠριγόνη* unterschieden von *Ἠριγένεια* vgl. Pott in K. Z. VI, 139, aber es ist wol unmittelbar = *ἐαριγόνη*.

des Frühlings[1]. In diesem Zusammenhange wird es uns bedeutungsvoll erscheinen, dass Hebe die Mundschenkin des Nektar bei den homerischen Göttern ist[2]; und wir begreifen, wie in dem ursprünglichsten Mythus auch dieser Göttin jenes selbe Lied vom Frühlingsjubel der Natur tönte, welches der fromme Sinn der Griechen nicht müde ward in immer neuen Tonarten zu wiederholen. Der Hebe Gegenbild ist vor allem Kora[3]; aber während in dieser Tochter der Erde und des Himmels auch die irdische Seite der Natur, das Verblühen und Vergehen zugleich mit dem Wiederaufleben seinen Ausdruck fand, erscheint in der Gestalt der Hebe, des Kindes der leuchtenden Himmelsmächte, allein Freude und Jugendglanz symbolisiert; sie scheint als die freundlichste Seite des Begriffs der Hera selbständig gedacht zu sein[4]. Aber diese feineren Bezüge sind kaum mehr durch Ahndung zu erreichen. Vielleicht zum Theil eben deshalb weil der Mythus von Raub und Wiederkehr der Kora das ganze Leben und Sterben der Natur so deutlich und so vollständig spiegelte, ist vor ihr der ursprüngliche Sinn der Hebe verdunkelt. Mit Hera selbst muss auch Hebe die alte Naturbedeutung sehr früh eingebüsst haben, um zu einer ethischen Macht, zur olympischen Gottheit zu werden, und auch hier erscheint sie als das selbständige Bild für eine Seite des unfassenden Begriffes der Hera[5]. Die epischen Beiwörter der Hebe πότνια, χρυσοστέφανος, καλλίσφυρος entbehren auch des leisesten symbolischen Anklangs[6]. Wenn es an die alte Naturbedeutung vielleicht noch erinnern mag, dass im Ἥβαιον zu Aegina eine Statue der Aphrodite geweiht wird[7],

1) Rhet. gr. VIII, 789 Ἦρος ἡ γένησις, τέκνον τε [Cäsar τεκνοῦται] μετὰ θέρους ἐς ὕστερον
ἐν χειμῶνι δ' οἴχεται σὺν τρόπαιῳ κεκαρμένη.
Vgl. Cäsar in der Zeitschrift für Altertumswissenschaft 1849 no. 64 S. 506.

2) Il. 4, 1 οἱ δὲ θεοὶ πὰρ Ζηνὶ καθήμενοι ἠγορόωντο
χρυσέῳ ἐν δαπέδῳ, μετὰ δέ σφισι πότνια Ἥβη
νέκταρ ἐῳνοχόει.

3) Mit Kora vergleichen Hebe schon Gerhard Myth. a. O. und, aber in etwas anderem Sinn im Zusammenhange seiner Auffassung der Hera, Welcker Anhang zu Schwenck Andeutungen S. 288 Götterlehre I. S. 369.

4) Gerhard Myth. a. O. 5) Gerhard Myth. a. O.

6) Il. 4, 2. Hesiod. Theog. 17, 950. Odyss. 11, 603. hymn. in Herc. 8. Bei Pindar Nem. 7, 4 heisst sie ἀγλαόγυιος, bei Theokrit 17, 32 λευκόσφυρος.

7) C. I. Gr. 2138. Preller Griech. Myth. I S. 391, 3.

so blieb Hebe doch auch im Cult zumeist mit Hera vereint. So stand in Argos ihre Statue von Naukydes' Hand neben der polykletischen Hera[1], und in Mantinea waren Hebe und Athena stehend neben der thronenden Hera von Praxiteles dargestellt worden[2]. Wenn aber ein eigner poetischer Zauber auch da auf dem Namen der Hebe ruht, wo irgend ein tieferer Sinn nicht mehr beabsichtigt ist, so liegt es eben darin, dass auch im Fortschritt der Zeit der Begriff wenigstens der menschlichen Jugend mit dem Klange des Wortes notwendig zurückbleibt; dass sie deshalb stets unwillkürlich und unmittelbar als Personification dieses menschlichen Lebensalters, eines menschlichen Zustandes gedacht und gefühlt wird —, in ähnlichem Wandel wie die Chariten aus Göttinnen des Frühlingsgrüns[3] zum Bilde menschlicher Anmut und Huld wurden, und wie Nike und Peitho in der That aus menschlichen Begriffen erwachsen sind.

In dem olympischen Götterstaat ist Zeus zum gewaltigen Fürsten über Götter und Menschen geworden, seine Gattin zur goldenthronenden mächtigen Königin: ihre Tochter Hebe thut was im olympischen Haushalt nicht minder als bei irdischen Königen und Heroen der jüngsten Tochter des Hauses zukommen muss. Deshalb ist sie die Mundschenkin der Götter, und wie des Nestor Tochter Polykaste den Telemachos[4], so badet und salbt sie ihren Bruder Ares[5]. Und wenn es auch hier noch zugleich als poetisches Bild empfunden wird, dass die ewigen Götter den Trank der Unsterblichkeit[6] aus den Händen der Jugend empfangen[7] und Ares aus

---

1) Pausan. 2, 17, 5. 2) Pausan. 8, 9, 1.

3) K. Z. VIII, 266. Vgl. Welcker Götterlehre I S. 372 ff. 696.

4) Odyss. 3, 464. Vgl. Nägelsbach Homerische Theologie S. 218 ff.

5) Il. 5, 904 ... *ὣς ἄρα καρπαλίμως ἰήσατο θοῦρον Ἄρηα.*
τὸν δ' Ἥβη λοῦσεν, χαρίεντα δὲ εἵματα ἕσσεν.
Schol. Od. 11, 601 *οὐ γὰρ οἶδε τὸν Ἡρακλέα ἀπηθανατισμένον οὐδὲ τὴν Ἥβην γεγαμημένην, ἀλλὰ παρθένον· διὸ καὶ παρθενικὰ ἔργα ἀποτελεῖ· οἰνοχοεῖ γὰρ καὶ λούει.* Schol. Od. 3, 464 .... *ἢ ὅτι ὑπὸ παρθένων ἔθος ἦν τοὺς ἥρωας λούεσθαι, πρὸς τὰ περὶ τῆς Ἥβης· λούει γὰρ καὶ αὐτὴ τὸν Ἄρεα ὡς παρθένος.* Vgl. Schol. Od. 6, 215. 221. 11, 385. Il. 5, 722.

6) Ueber Nektar und Ambrosia vgl. Nägelsbach Hom. Theologie S. 41 ff. Bergk in Jahn's Jahrb. 1860 S. 378 ff. — *νέκταρ* (*παρὰ τὸ νεάζειν λεχθέν* meint der Scholiast Il. 4, 2) nach Pott Etymol. Forsch. (1833) I S. 228 von *νεκ* und √tṛ tar, also der Bedeutung nach = *ἀμβροσία* vgl. Pott a. O. S. 113, 220.

7) Vgl. Schol. Il. 4, 2 *ἡ ἐνταῦθα εὐωχουμένοις τοῖς θεοῖς ὑποδιακονουμένη*

dem Bade der Jugend neustralend hervorgeht, so kann eine solche Auffassung nicht zu Grunde liegen, wenn Hebe ihrer Mutter Hera den Wagen anschirren hilft[1]), oder wenn sie mit anderen Mädchen des Olymp und mit Aphrodite mit Reigentanz zu des Apoll und der Musen Lautenspiel sich erfreut[2]).

In Betreff des bekanntesten Amtes der Hebe, desjenigen der Mundschenkin, ist schon von den Alten auf den Widerspruch in den homerischen Liedern aufmerksam gemacht worden, welche das selbe Amt auch dem Ganymed zutheilen[3]), und schon im Altertum wurde dieser Widerspruch auf verschiedene Weise zu erklären versucht. Hebe sollte darnach die Schenkin aller Götter sein, Ganymed dem Zeus allein dienen[4]), oder da Zeus verliebt den Ganymed raubt, muss ihm Hebe weichen, worüber denn Hera zürnt[5]); oder Ganymedes sollte nur während des troischen Kriegs aus dem Saale der Götter entfernt sein, damit er nicht den Jammer der Heimat vernehme[6]). Für uns löst sich diese Schwierigkeit auf weniger künst-

---

κατ' ἀρχὰς Ἥβη τίς ἂν εἴη πλὴν ἡ διηνεκῶς ἐν ταῖς εὐφροσύναις νεότης; οὐδὲ γὰρ ἐν οὐρανῷ ἔστι γῆρας, οὐδ' ὕπεστί τι τῆς θείας φύσεως ἔσχατον βίου νόσημα κτλ.

1) Il. 5, 720 ἡ μὲν ἐποιχομένη χρυσάμπυκας ἔντυεν ἵππους
Ἥρη πρέσβα θεά, θυγάτηρ μεγάλοιο Κρόνοιο·
Ἥβη δ' ἀμφ' ὀχέεσσι θοῶς βάλε καμπύλα κύκλα.

Eine physikalische Deûtung steht in den Scholien zu dieser Stelle.

2) Hymn. in Apoll. pyth. 16 αὐτὰρ ἐυπλόκαμοι Χάριτες καὶ ἐύφρονες Ὧραι
Ἁρμονίη θ' Ἥβη τε Διὸς θυγάτηρ τ' Ἀφροδίτη
ὀρχεῦντ' ἀλλήλων ἐπὶ καρπῷ χεῖρας ἔχουσαι.

3) Il. 20, 231 Τρωὸς δ' αὖ τρεῖς παῖδες ἀμύμονες ἐξεγένοντο,
Ἶλός τ' Ἀσσάρακός τε καὶ ἀντίθεος Γανυμήδης,
ὃς δὴ κάλλιστος γένετο θνητῶν ἀνθρώπων·
τὸν καὶ ἀνηρείψαντο θεοὶ Διὶ οἰνοχοεύειν
κάλλεος εἵνεκα οἷο, ἵν' ἀθανάτοισι μετείη.

und Schol. das. vgl. Schol. Il. 4, 2. Hymn. in Ven. 204
ἤτοι μὲν ξανθὸν Γανυμήδεα μητίετα Ζεὺς
ἥρπασ' ἑὸν διὰ κάλλος, ἵν' ἀθανάτοισι μετείη,
καί τε Διὸς κατὰ δῶμα θεοῖς ἐπιοινοχοεύοι,
θαῦμα ἰδεῖν, πάντεσσι τετιμένος ἀθανάτοισιν,
χρυσέου ἐκ κρητῆρος ἀφύσσων νέκταρ ἐρυθρόν.

4) Schol. Il. 20, 234.

5) Verg. A. 1, 28 und Serv. ebd. Ovid. Fast. 6, 43. Mythogr. vat. II, 198. III, 13. Nonnos 25, 445.

6) Nonn. 27, 246. — Sämmtliche Anführungen der Motivierung durch den Fall der Hebe, wonach Winckelmann das borghesische Relief deuten wollte (Mon. ined. 16), führen, wie schon Böttiger (Ideen zur Kunstm. II S. 60.) bemerkte,

liche Weise: der verschiedene Brauch des Lebens ist in den Olymp übertragen. Nach der heroischen Sitte wird dem heimkehrenden wie dem in den Kampf ziehenden Krieger oder dem auf seinen Fahrten rastenden Gastfreund eine Schale Wein dargebracht[1]). Es ist das schöne Vasengemälde bekannt, auf welchem Hekabe dem Hektor der zum letzten Kampfe auszieht den Abschiedstrunk eingiesst[2]). Vor allem aber sind es die Jungfrauen, denen dies Amt zukömmt: so reicht Briseis dem Achill[3]), Hippodamia dem Oenomaos die Schale[4]) und die Vasenbilder sind unerschöpflich in der Darstellung von ähnlichen bald mythisch gedachten, bald unmythischen Scenen[5]).

---

welcher 'dies Geschichtchen' 'echt griechisch erfunden' nennt, mittelbar oder unmittelbar auf Boccaccio Geneal. 9, 2. Aber es ist nicht richtig wenn er, wie es scheint, dem Boccaccio selbst die Erfindung zuschreibt. Es heisst dort: Hebe, ut ait Theodontius, filia fuit Junonis: cuius rei idem Theodontius recitat fabulam, Apollinem scilicet Junoni novercae in domo Jovis patris sui parasse convivium: eique inter alia apposuisse lactucas agrestes [vgl. oben S. 2 Anm. 1], quas cum comedisset cum desiderio Juno, ilico usque tunc sterilis praegnans effecta est: et ex eo conceptu peperit Heben. Quae quia formosa esset, a Jove ad officium pincernatus assumpta est, et dea juventutis effecta. Tandem cum ipse una cum caeteris diis ad Aethiopes comessaturus ivisset, contigit quod ministrante eis Hebe pocula perque lubricum minus caute incedente caderet et vestimentis amotis omnibus in casu obscoena superis monstraret: quam ob causam factum est ut illam ab officio pincernatus Juppiter removeret et loco eius Ganymedem Laomedontis regis Troiae fratrem substitueret. Es folgt dann noch eine Deutung. Boccaccio hatte demnach diese Notiz aus dem Manuscript des Paulus von Perugia (S. Geneal. 15,6) und sie geht also vermutlich auf ein diesem von Barlaam gegebenes Manuscript zurück. Vgl. Tiraboschi Storia della letteratura italiana V p. 94. 341. Auf die sich hieran schliessenden Fragen werde ich bei anderer Gelegenheit zurückkommen.

1) Vgl. Böttiger Griech. Vasengemälde II S. 215 ff.

2) Gerhard Auserl. Vasenb. III, 189.

3) Gerhard Auserl. Vasenb. III, 184.

4) Archäol. Zeitung 1853 taf. 54.

5) Vgl. Welcker Alte Denkm. III S. 345. O. Jahn Einleitung zur Beschreib. der Vasens. K. Ludwig's S. CCVII. — Von den ungemein zahlreichen Beispielen, welche jede grössere Vasensammlung darbietet, ist wol das schönste ein von Lützow Münchener Antiken Taf. 5 S. 12—14 (vgl. O. Jahn Beschr. no. 382) publiciertes Vasenbild des edelsten Stils, womit ein anderes zu S. Petersburg, dessen Zeichnung sich im Apparat des archäol. Instituts befindet, fast völlig identisch ist. Ein zum Auszug gerüsteter Krieger hält in der erhobenen linken Hand die Schale, welche die ihm gegenüber stehende Jungfrau eben gefüllt hat. Sie trägt einen dorischen Chiton, und hält in der gesenkten rechten Hand die Oenochoe; mit der linken hat sie, nach einem auf attischen Monumenten sehr häufigen Gestus der Bescheidenheit, ihr Gewand erfasst. Diese Hauptgruppe wird

Von Periander wird erzählt, dass er die schöne Melissa, König Prokles' Tochter, zu Epidauros lieb gewann, als er sie in dorischem Gewand umherwandelnd den Arbeitern ihres Vaters Wein schenken sah[1]. Das nemliche Amt kam ohne Zweifel in patriarchalischer Zeit der Tochter auch beim Mahle zu, und es ist Sitte ihres Stammes wenn die dorischen Sikelioten eine παρθένος φιαληφόρος an die Stelle eines Knaben setzen[2]. Dieser Anschauung entspricht das Schenkenamt der Hebe. Ganymedes dagegen ist das Bild der späteren und vor allem ionischen Sitte[3] sich beim Mahle von schönen Knaben bedienen zu lassen, wie natürlich auch bei Trinkgelagen für die Frauen des Hauses keine Stelle war. Dass denn in der Litteratur Hebe im Schenkenamt vor Ganymed zurücktritt, hat seinen Grund zum Theil in der immer beliebter werdenden erotischen Auffassung des Lieblingsknaben des Zeus[4], zum Theil auch darin, dass Hebe, indem sie schon im jüngeren Epos, und im Cult mit Herakles vermält wird, sich dem früheren Kreise ihrer Thätigkeit notwendig entzieht[5]. Wenn dagegen von Alkaeos und Sappho Hermes[6] als der Mundschenk der Götter genannt wird, so erklärt sich auch dies leicht in der angedeuteten Weise: bei Opfer und Festmahl ist es der Herolde Ehrenamt den Wein zu schenken[7]. So verstehen wir auch, dass auf Vasenbildern mitunter Iris[8] und, auch ohne unmittelbare Beziehung auf Sieg, Nike[9] sehr häufig einzelnen Göttern und Götterversammlungen Nektar eingiesst. Sie erscheint so gut wie Iris selbst mit dem Heroldstab — denn der Sieg ist der Herold der Götter

---

links von einem Alten, rechts von einer zweiten weiblichen Figur eingeschlossen. Vgl. unsere Tafel V, 1 wo die Figur des Mädchens mit dem Kruge wiederholt ist. — Eine schöne und ausführliche Darstellung ausziehender Krieger bieten die griechischen Wandgemälde aus Pästum: Monumenti d. I. 1865 Vol. VIII, 21.

1) Pythänetos bei Athen. 13 p. 589 f. O. Müller Aeginetic. p. 64.

2) Polyb. 12, 5, 7. O. Müller Dorier II S. 265.

3) Vgl. Athen. 10 p. 424 e.

4) Vgl. Theogn. 1345. Lucian. amor. 14. d. d. 4. 5. Preller Rhein. Mus. N. F. IV, 399—405. Griech. Myth. I, 41.

5) Vgl. Schol. Odyss. 3, 464. 11, 601. 6) Athen. 10 p. 425 e.

7) Il. 3, 245. Od. 7, 178. 8, 70. 13, 49. Athen. a. O. Vgl. K. F. Hermann Gottesdienstl. Altert. §. 36, 9. 11.

8) Élite céram. I, 72. Gerhard Auserlesene Vasenb. I, 7. Gerhard denkt für diese Figur an Hebe und Ganymedes. O. Jahn Beschreibung der Vasens. no. 405 nennt sie Hebe.

9) Élite céram. I, 32.

— und sie ist nicht nur der Athene sondern aller Gottheiten Botin Genossin und Dienerin in allen Verhältnissen. Wenn endlich Harmonia von Kapiton als Schenkin der Götter genannt wurde[1], so wird er durch diese Dichtung haben ausdrücken wollen, dass Friede und Eintracht nicht minder als Sieg und unvergängliche Jugend im Saale der Götter walten[2].

Den homerischen Gedichten ist die Sage von der Einführung des Herakles in den Olymp und die Vermälung mit Hebe noch fremd, welche beide fast stets verknüpft erscheinen, da diese Vermälung selbst wieder ein Ausdruck seiner Vergötterung ist. Aber schon nach dem Homeridenhymnus auf Herakles[3] womit die Verse der Theogonie[4], und der Nekyia der Odyssee[5] übereinkommen, wohnt er auf dem Olymp und ist ihm die Göttin der ewigen Jugend zu Theil geworden. Die Sage giebt sich als alt und echt durch die gemeinsame Beziehung auf Hera zu erkennen: der der Hera scheinbar feindliche und verhasste und ihr in der That so nahe stehende Held wird dem eigensten Kinde ihres Wesens vermält —, der schönste Ausdruck völligster Versöhnung[6]. Zu Athen im Kynosarges standen

---

1) Athen 10 p. 425 e.

2) Bakchyl. 9 (Bergk)

Νίκα γλυκύδωρος
ἐν πολυχρύσῳ δ' Ὀλύμπῳ Ζηνὶ παρισταμένα κρίνει τέλος
ἀθανάτοισί τε καὶ θνατοῖς ἀρετᾶς.

Schol. Il. 4, 2. — Dagegen kann Hephäst in Folge von Il. 1, 584 ff. nicht als Mundschenk der Götter aufgeführt werden, wie dies von Lucian d. d. 5 und Böttiger Ideen zur Kunstmyth. II S. 56 geschieht.

3) Hymn. hom. 14 *νῦν δ' ἤδη κατὰ καλὸν ἕδος νιφόεντος Ὀλύμπου*
ναίει τερπόμενος, καὶ ἔχει καλλίσφυρον Ἥβην.

4) Hes. theog. 950 *Ἥβην δ' Ἀλκμήνης καλλισφύρου ἄλκιμος υἱός,*
ἲς Ἡρακλῆος, τελέσας στονόεντας ἀέθλους,
παῖδα Διὸς μεγάλοιο καὶ Ἥρης χρυσοπεδίλου,
αἰδοίην θέτ' ἄκοιτιν ἐν Οὐλύμπῳ νιφόεντι·
ὄλβιος, ὃς μέγα ἔργον ἐν ἀθανάτοισιν ἀνύσσας
ναίει ἀπήμαντος καὶ ἀγήραος ἤματα πάντα.

5) Odyss. 11, 604. Vgl. Schol. daselbst und Lucian. d. mort. 16.

6) Pindar Isthm. 3, 76 bedeutsam *Ἥβαν τ' ὀπυίει χρυσέων οἴκων ἄναξ καὶ γαμβρὸς Ἥρας.* Vgl. Tzetzes in Lycophr. 1349 ... *οἱ μὲν τὴν Ἥραν ἀκούουσιν. Αὕτη γὰρ παλίμφρων τῷ Ἡρακλεῖ γέγονε· πρῶτον γὰρ αὐτὸν μισοῦσα ὕστερον ἐπὶ τῇ θυγατρὶ Ἥβῃ γαμβρὸν ἐποιήσατο.* — Zoega vermutete dass Pisander die Einführung des Herakles in den Olymp ausführlich behandelt habe Bassiril. II p. 47. Vgl. Welcker Hyperb. röm. Stud. I S. 301 ff. Alte Denkm. III S. 298 ff.

Altäre des Herakles und der Hebe, der Alkmene und des Iolaos[1]. Wie die Einführung des Herakles in den Olymp durch Athene am amykläischen Thron und am Altar daselbst[2], so war seine Vermälung mit Hebe auf einem silbernen Altar im Tempel der Hera in Mykenä dargestellt[3], und noch erhaltene Monumente geben uns einen deutlichen Begriff dieser hieratischen Vorstellungen. Denn des vielgeprüften Helden Apotheose und Hochzeit mit Hebe bleiben von nun an bis in die späteste Zeit ein Lieblingsgegenstand für Poesie und Kunst. Sappho hatte von dem festlichen Mahl gesungen, an welchem der Sohn der Alkmene zum erstenmale der Götter Genosse war[4].

κῆ δ' ἀμβροσίας μὲν κράτηρ ἐκέκρατο,
Ἑρμᾶς δ' ἔλεν ὄλπιν θεοῖς οἰνοχόησαι·
κῆνοι δ' ἄρα πάντες καρχήσιά τ' ἦχον
κἄλειβον, ἀράσαντο δὲ πάμπαν ἔσλα
τῷ γάμβρῳ.

Bei Pindar[5] heisst es

αὐτὸν μὰν ἐν εἰράνᾳ καμάτων μεγάλων ἐν σχερῷ
ἁσυχίαν τὸν ἅπαντα χρόνον ποινὰν λαχόντ' ἐξαίρετον
ὀλβίοις ἐν δώμασι, δεξάμενον θαλερὰν Ἥβαν ἄκοιτιν καὶ γάμον
δαίσαντα, πὰρ Δὶ Κρονίδᾳ σεμνὸν αἰνήσειν δόμον,

und bei Euripides[6]

ἔστιν ἐν οὐρανῷ βεβακὼς
θεὸς γόνος , . . .

Es war dies ferner von Rhianos geschehen. S. Schol. Il. 19, 119. Preller Griech. Myth. II S. 256. — Buttmann Mythol. I S. 267: '.... Die Stärke vermält mit der Jugend ist ein allegorisches Bild, das der Mensch sobald er sich es als wirklich denkt, nicht anders als in den Olymp versetzen kann.' Vgl. auch Nägelsbach Hom. Theol. S. 109. Andere Allegorien Heracl. Pont. Alleg. hom. p. 449 (Staveren zu Lactant. 4). Cornut. 31. Eine physische Deutung Schol. Hesiod. theog. 950.

1) Pausan. 1, 19, 3. Vgl. Meursius im Thesaur. IV p. 857. Im Demos Aixone hatte Hebe ein Heiligtum und wurde daselbst gemeinschaftlich mit andern Gottheiten und zwar mit Alkmene, also auch ohne Zweifel mit Herakles verehrt. C. I. G. 214. 93. Franz Elementa epigr. 68. — Aelian N. A. 17, 46 erzählt, nach Mnaseas, von einem Heiligtum des Herakles und der Hebe, wo zu Ehren des Herakles Hähne, zu Ehren der Hebe Hennen gehalten wurden.

2) Pausan. 3, 18, 11. 19, 5. 3) Pausan. 2, 17, 5.

4) Sappho (Bergk) 51. Vgl. Ahrens Rhein. Mus. VI (1838) S. 239. O. Jahn Arch. Aufs. S. 119, 76. — Vgl. Pind. Ol. 7, 1 und Boeckh zu dieser Stelle.

5) Pind. Nem. 1, 69. Vgl. 10, 17.

6) Eurip. Heraklid. 915. Vgl. Orest. 1693.

φεύγω λόγον ὡς τὸν Ἅιδα
δόμον κατέβα πυρὸς
δεινᾷ φλογὶ σῶμα δαισθείς·
Ἥβας τ' ἐραστὸν χροΐζει
λέχος χρυσέαν κατ' αὐλάν·
ὦ Ὑμέναιε δισσοὺς
παῖδας Διὸς ἠξίωσας.

An dieser dem Herakles erwiesenen göttlichen Huld nimt auch seine Mutter Alkmene [1]) und sein treuer Gefährte Iolaos Theil. Denn so ist es aufzufassen, dass Iolaos um den Heraklessöhnen im Kampfe gegen Eurystheus beizustehen, wieder vom Tode aufersteht [2]), oder als Greis für diesen einen Strauss wieder jung wird [3]); und darauf gründet sich die anmutige Erzählung bei Ovid [4]), wie Hebe auf ihres Gatten Bitte auch seinen Genossen verjüngt und Zeus, als nun auch Eos für ihren Tithon, Venus für Anchises und andere Gottheiten für ihre Lieblinge die selbe Gabe verlangen, sie diesen versagt.

Die Komiker haben sich diese Vermälung des Herakles mit der schönsten der Göttinnen und seine Aufnahme an den Tisch der Olympier nicht entgehen lassen, um ihren Lieblingshelden auch hier im Glanze seiner Trink- und Essgelüste zu schildern. In der Komödie des Epicharm Ἅβας γάμος scheint den vielen Gerichten, die des gewaltigen Zechers Herz erfreuten, nicht eben die letzte Rolle zugefallen zu sein [5]), und noch bei Horaz [6]) klingt der alte Scherz nach in den Worten Jovis interest
optatis epulis impiger Hercules.

Auch den erhaltenen Denkmälern der bildenden Kunst sind ähnliche humoristische Auffassungen nicht fremd.

Wo übrigens auf Monumenten diese Vereinigung von Hebe und Herakles dargestellt ist, werden wir stets den Moment ihrer ersten noch fremden Begegnung oder den Hochzeitszug oder die Schmückung der Hebe gewählt finden: Hebe erscheint überall als Braut, mit

---

1) Welcker Hyperb. röm. Stud. I S. 304. Preller Griech. Myth. II S. 281. Gerhard Rapporto volcente Note 382.

2) Schol. Pind. Pyth. 9, 137.

3) Eurip. Heraklid. 843 ff. Schol. Pind. a. O.

4) Ovid. metam 9, 396.

5) Casaubon. animadv. in Athenaeum p. 176.

6) Horat. carm. 4, 8, 29.

gutem Grund. Denn indem sie zur Gattin des Herakles wird, büsst sie eigentlich ihren plastischen Charakter ein; es ist ein innerer Widerspruch die Gottheit der Jugend als Hausfrau zu denken, wie bei Theokrit[1]); es ist ein grösserer Widerspruch wenn mythographische und allegorische Verkehrtheit sie die Söhne Alexiares und Aniketos von Herakles gebären lässt welche Eigenschaften ihres Vaters, Kraft und Sieg, persönlich symbolisiren sollen[2]).

Im Fortgang der alten Litteratur sind die Lyriker unerschöpflich im Preisse der fröhlichen und rasch vergänglichen Jugend. Wenn es im anakreontischen Liede[3]) heisst

πολιοὶ μὲν ἧμιν ἤδη
κρόταφοι, κάρα δὲ λευκόν·
χαρίεσσα οὐκ ἔθ' Ἥβη
πάρα κτλ.

oder ein andermal[4])

ὅτ' ἐγὼ νέοις ὁμιλῶ,
ἐσορῶν, πάρεστιν Ἥβα

so verstehen wir dies zugleich persönlich von der Göttin; und dass selbst Ausdrücke wie das viel wiederholte τῆς ἥβης ἀγλαὸν ἄνθος[5]) und das daraus in etwas verändertem Bild entstandene ἥβης καρπός[6]) mitunter ebenso aufgefasst werden können, lehrt Pindars[7])

τερπνᾶς δ' ἐπεὶ χρυσοστεφάνοιο λάβεν
καρπὸν Ἥβας.

Aber weitere mythische Ausführungen schliessen sich der Persönlichkeit der Göttin Hebe kaum an. Nur auf eine einzige Fortbildung, welche wir nur aus der bildlichen Ueberlieferung kennen, muss wenigstens hingedeutet werden. Auf unteritalischen Vasenbildern erscheint öfter eine weibliche Gestalt, welche einmal als Thalia be-

---

1) Theokr. 17, 32. Vgl. Martial. 9, 66, 13.

2) Apollod. 2, 7, 7.

3) Anakreon 41 (Bergk). Vgl. Il. 24, 348. Aelian. var. hist. 10, 18.

4) Anacreontea 51 (Bergk).

5) Tyrt. 10, 28. (B.) Theogn. 1007. Vgl. Simonid. 85, 7. — Mimn. 1, 4. 2, 3. Solon 25, 1.

6) Mimn. 2, 7.

7) Pind. Ol. 6, 57.

zeichnet ist[1]), vom Adler in die Lüfte getragen wie sonst Ganymed und nach einer späten Nachricht Aegina[2]). Wenn nun Pausanias berichtet dass die alten Phliasier die Göttin Ganymeda genannt hätten, die späteren Hebe[3]), so könnte man, da Ganymedes ursprünglich ebensowohl wie Hebe eine physische Bedeutung gehabt haben muss[4]), versucht sein eine doppelte Personificierung des selben mythologischen Bildes in Ganymedes und Ganymeda als ursprünglich zu vermuten. Aber Strabon[5]) bezeugt als Namen in Phlius und Sikyon vielmehr Dia und so natürlich es ist, auf jenen Bildern in der That eine Ganymeda vorauszusetzen, so sehr wird auch Welcker's[6]) Bemerkung gelten müssen, dass hier mehr als die Weisheit der Ortsexegeten die klare Natur der Sache bedeute; dass zur Ganymeda nur die dichterische Mundschenkin wird und dass es nur ein Schritt weiter ist, sie dann auch unter verändertem Namen gleich Ganymed vom Adler in den Himmel entführen zu lassen.

Wo Hebe in der späteren Litteratur auftritt, ist es in der früheren Weise als Braut des Herakles, oder etwa als Genossin ihrer Mutter Hera[7]), oder endlich in ihrem alten Amte der Mundschenkin. Bei Nonnos ist das *κύπελλον* ihr so eigenthümlich, wie die Lanze dem Ares, der Stab dem Hermes, die Leier dem Apoll[8]). Er erwähnt öfter, dass sie von Ganymed verdrängt sei[9]), er nennt sie neben den schönsten übrigen Olympierinnen[10]); Gäa verspricht sie dem Giganten Porphyrion zur Gattin[11]) und der Dichter preisst sie mit vielen Beiwörtern als *παρθένος*[12]), *καλλιέθειρα*[13]), *ἄμβροτος*[14]), *οὐρανία*[15]), *χρυσόθρονος*[16]) und *χρυσοπέδιλος*[17]).

---

[1]) Tischbein Vas. d'Hamilton I pl. 26. Élite céramogr. I pl. 16 p. 31—34. Panofka Zeus und Aegina in den Abh. der Berl. Akad. 1835 Taf. 2.

[2]) Nonn. 24, 77. 33, 297. — In den von Panofka a. O. S. 2, 3 angeführten Stellen ist nirgends vom Adler die Rede. — Zu Clem. hom. pag. 141, 7 vgl. Wieseler Adn. crit. ad Clem. hom. bei Dressel Clementinorum epitom. p. 266.

[3]) Paus. 2, 12, 3.

[4]) Vgl. Preller Griech. Myth. I S. 392. Welcker Götterlehre II S. 215. Ueber den Namen vgl. Pott Etym. Forsch. II S. 204. K. Z. V, 277.

[5]) Strab. 8 p. 382. [6]) Welcker Götterlehre I S. 371.

[7]) Nonn. 4, 19. [8]) Nonn. 2, 217.

[9]) Nonn. 25, 450. 31, 250. Vgl. 8, 94. [10]) Nonn. 2, 230.

[11]) Nonn. 48, 20. [12]) Nonn. 4, 48. 19, 213. 25, 450.

[13]) Nonn. 27, 248. [14]) Nonn. 44, 174. [15]) Nonn. 8, 96.

[16]) Nonn. 19, 48. [17]) Nonn. 19, 216.

Es ist schon gelegentlich darauf hingedeutet worden, in welcher Art Hebe auch bei lateinischen Dichtern auftritt. Die entsprechende eigentlich italische Gottheit ist Juventas oder Juventus[1]) welche aus ursprünglich gleicher mythologischer Anschauung entstanden ist und deren Name auch lautlich auf den selben Stamm zurückführt[2]). Es ist auch hier lehrreich zu sehen, wie der ursprünglich gleiche Begriff bei den beiden Völkern verschieden ausgeprägt wurde. Im griechischen Mythus ist die Personification der Jugendblüte der gesammten Natur zum poetischen Bilde unvergänglicher Jugend geworden. Die römische Juventas ist vor allem Schutz und Hort der männlichen Jugendkraft. Sie ist als solche eine uralte vielverehrte Gottheit. Bei der Gründung des capitolinischen Jupitertempels wollte Juventas so wenig als Terminus weichen und auch ihr Heiligtum musste in den Bau miteingeschlossen werden[3]). Die beiden Gottheiten Juventas und Jupiter sind sehr nahe verwandt[4]) und auch dieser letztere wird als Verleiher männlicher Jugendkraft betrachtet und als Jupiter Juventus angerufen[5]). Nach altem Brauch, der auf Servius Tullius zurückgeführt wurde, musste in dem Tempel der Juventas für jeden Knaben, der zum Jüngling wurde, ein Geldstück niedergelegt werden[6]) und wenn der junge Römer zum erstenmal die toga virilis angelegt hatte, ging er auf's Capitol um Jupiter und Juventas zu verehren[7]). Zu Anfang eines jeden Jahres wurden der Göttin regelmässige Opfer pro juvenibus gebracht[8]). Bei den ungünstigen Zeichen des Jahres 534 wurde für sie ein besonderes lectisternium be-

---

1) Serv. A. 1, 590 juventus est multitudo juvenum, Juventas dea ipsa sicut Libertas, juventa vero aetas. Damit stimmt Mon. Ancyr. 4. 8 aedem Juventatis. Dagegen auch die Form Juventus für die Göttin inschriftlich feststeht. Vgl. O. Jahn Spec. ep. p. 14. Renier Mélanges d'épigr. p. 66. s.

2) Vgl. Pott Etym. Forsch. 1 S. 26. 113. — K. Z. VII, 295.

3) Dionys. 3, 69. Liv. 5, 54. Augustin. de civ. D. 4, 29. Vgl. Becker Röm. Altert. I S. 397.

4) Vgl. Preller Röm. Mythol. S. 184. 235.

5) Orelli-Henzen 5634 Jovi Juventuti sacrum Cn. Domitius Afri libert. ingenuus accensus. Aus Sutri. Cn. Domitius Afer selbst starb im Jahr 812. S. Borghesi Oeuvr. III p. 47. — Vgl. Orelli-Henzen 5635. — Augustin. De civ. D. 4, 11.

6) Dionys. 4, 15.

7) Augustin. a. O. Val. Max. 5, 4, 4. Vgl. Becker Gallus (3. Aufl.) II S. 90 ff.

8) Cic. ad Attic. 1, 18, 3. Vgl. Festus p. 104 (Müller).

stimmt[1]) und in der Not der Schlacht am Metaurus gegen Hasdrubal rief M. Livius Salinator die Juventas an und gelobte ihr Spiele und den Tempel, welcher sechszehn Jahre darauf bei dem Circus maximus eingeweiht wurde[2]). In der unter griechischem Einflusse stehenden Litteratur wird diese römische Gottheit dann mit der griechischen Hebe identificiert und sie wird nun bald mit dem Namen Juventas bald als Hebe bezeichnet[3]). Dagegen die Verehrung der Göttin in römischem Sinn auch in der Kaiserzeit und auch ausserhalb Italiens[4]) fortdauert, zumeist wie es scheint mit Beziehung auf die Anlegung der toga virilis durch die Prinzen des kaiserlichen Hauses[5]).

Die nemlichen verschiedenen Formen des mythologischen Bildes der Hebe, welche wir bis dahin aus Mythus und Poesie zu verstehen suchten, werden wir in den uns erhaltenen Denkmälern der bildenden Kunst wiederfinden, es wird uns aus ihnen die Gestalt der Göttin deutlich und lebensvoll vor Augen treten. Es ist bekannt wie hohen Wert die Alten selbst wahrhaft künstlerischer bildlicher Darstellung eines Götterideals beimassen, welche, indem sie den

---

1) Liv. 21,62.

2) Liv. 36,36... Item Juventatis aedem in circo maximo C. Licinius Lucullus duumvir dedicavit. voverat eam sexdecim annos ante M. Livius consul, quo die Hasdrubalem exercitumque eius cecidit: idem censor eam faciendam locavit M. Cornelio P. Sempronio consulibus. huius quoque dedicandae caussa ludi facti: et eo omnia cum maiore religione facta quod novum cum Antiocho instabat bellum. Vgl. Cic. Brut. 18. Becker Hdb. der römischen Altert. I S. 473. — Einen neuen Tempel baute August. Mon. Ancyr. 4,8. Vgl. Mommsen Res gestae Divi Augusti p. 55.

3) Cic. de nat. d. 1,40 Ac poetae quidem nectar ambrosiam epulas comparant et aut Juventatem aut Ganymedem pocula ministrantem. Ovid. de Ponto 1,10,11

Nectar et ambrosiam laticesque epulasque deorum
. det mihi formosa nava Juventa manu.

Vgl. Fast. VI u. daselbst die Ausleger. — Dagegen Dionysius und Dio Cassius Juventus nicht mit Ἥβη sondern mit Νεότης übersetzen. — Nicht mythologisch (Preller Griech. Myth. I. S. 391), sondern poetisch zu erklären ist Horaz Carm. I, 30.

4) Renier Mél. d' épigr. p. 61—71.

5) I. R. N. 2557. Orelli-Henzen 5359. O. Jahn spec. ep. p. 13. — Inschriften mit Juventus s. noch Orelli-Henzen 4096. 5821. Bullettino d. J. 1859 p. 45. — Auf Münzen des Marc Aurel findet sich eine weibliche Figur n. l., welche Weihrauch in ein Thymiaterion legt und eine Schale hält, mit der Umschrift Juventas. S. Eckhel D. N. VI p. 45. Cohen Méd. imp. II p. 534. s. Beger Thesaur. Brand. II p. 673. Winckelmann Werke II S. 544. Stephani Compte-rendu pour 1860 p. 31.

Gesammtbegriff des Wesens einer Gottheit in die Linien eines einzigen Bildes zusammenfasste, den mythologischen und religiösen Begriff selbst zu steigern schien. Für uns pflegen schon die Erzeugnisse des Kunsthandwerks die litterarische Ueberlieferung unmittelbar und anschaulich zu ergänzen: es würde von ungleich höherem Werte sein, wenn es gelingen sollte, Monumente aufzufinden, welche uns das Bild jener Göttin in der That in den Formen der Kunst selbst erhalten haben.

II.

Die Untersuchung, wie die bildende Kunst der Griechen die Göttin Hebe aufgefasst und dargestellt hat, muss vor allem die gesammte Masse der auf diesen Gegenstand bezüglichen uns erhaltenen Monumente nach ihren verschiedenen Gattungen und mit möglichster Scheidung des sicheren und unsicheren verzeichnen und zu überschauen suchen: erst dann wird es gelingen können, das Verhältniss, in welchem die einzelnen Darstellungen innerhalb einer und derselben Classe von Monumenten zu einander stehen, und ferner das Verhältniss der verschiedenen Denkmälergattungen unter einander zu begreifen; erst auf Grund einer zum Theil sehr äusserlich scheinenden Aufzählung wird eine Erörterung derjenigen Fragen möglich sein, welche die wesentlichen sind. — Nur eine einzige allgemeinere Bemerkung muss vorangehen. In der archäologischen Litteratur pflegt Hebe öfter als an Schultern und auch an den Füssen beflügelt zu erscheinen, das heisst Nike und Iris falsch benannt zu werden; und es ist dafür auch auf die beflügelte *νεότης* bei Theokrit hingewiesen worden[1]. Doch wird in Betreff dieser Stelle[2]

ἀλλὰ περὶ ἀπαλῶ στύματός σε πεδέρχομαι
ὀμνάσθην ὅτι πέρρυσιν ἦσθα νεώτερος,
χὤτι γηραλέοι πέλομες πρὶν ἀποπτύσαι
καὶ ῥυσοί, νεότατα δ' ἔχειν παλινάγρετον
οὐκ ἔστι· πτέρυγας γὰρ ἐπωμαδίαις φορεῖ,
κἄμμες βαρδύτεροι τὰ ποτήμενα συλλαβεῖν.
κτλ.

[1]) Stephani Der ausruhende Herakles S. 256. Preller Griech. Mythol. I S. 392, 1.

[2]) Theokrit. 29, 25.

kaum bezweifelt werden können, dass sie mit Ausdrücken wie bei Theognis [1])

αἶψα γὰρ ὥστε νόημα παρέρχεται ἀγλαὸς ἥβη

und ähnlichen auf gleicher Linie steht; dass aus dieser poetischen Beflügelung der *νεότης* für die mythologische Vorstellung der Hebe schlechterdings nichts gefolgert werden kann; und es ist vielleicht sogar absichtlich hier der Ausdruck *νεότης* und eben nicht *ἥβη* gewählt worden. Es ist ferner schon öfter mit Recht bemerkt worden, dass die vermeintlich sicheren bildlichen Darstellungen einer beflügelten Hebe bei genauerer Prüfung durchaus nicht diese Folgerung gestatten [2]). Alle sicheren, zum Theil auch durch Inschrift bezeugten Vorstellungen der Hebe zeigen sie unbeflügelt; und selbst wenn dagegen eine vereinzelte Darstellung einer geflügelten Hebe sich würde nachweisen lassen, so könnte dies nur auf Missverständniss oder Caprice des Verfertigers beruhen und würde für die Beurtheilung der übrigen Monumente gleichgiltig sein.

Vasenbilder.

1. Hydria aus Vulci, früher in der Durand'schen Sammlung,

---

1) Theogn. 985 (Bergk). Vgl. ebd. 1020
ἀλλ' ὀλιγοχρόνιον γίνεται ὥσπερ ὄναρ
ἥβη τιμήεσσα.

2) Es wurde dafür namentlich zweierlei angeführt, die Gemmenvorstellung, auf welcher Hebe den Adler tränkend erscheint (Millin 47, 218), und das bekannte Vasenbild bei Gerhard Trinkschalen Taf. 6. 7. In Betreff der ersteren Vorstellung ist bereits von Panofka Musée Blacas p. 80 bemerkt worden, dass der Flügel nicht der Hebe sondern dem Adler gehört. Auf dem Vasenbild ist neben der geflügelten weiblichen Gestalt welche einzugiessen im Begriff ist ein einziger Buchstabe erhalten und dieser pflegt als H angegeben und die Inschrift demnach als ƎΒƎH ergänzt zu werden. Dem gegenüber hat schon Stephani Der ausruhende Herakles S. 256, 2 darauf aufmerksam gemacht, dass N und H auf Vasenbildern sehr oft kaum zu unterscheiden und auch vertauscht worden sind und dass es daher vor allem darauf ankomme an dem Original zu untersuchen, ob nicht ebensowohl N gelesen und demnach ƎꓘIN zu ergänzen sei; dass es endlich selbst nicht undenkbar wäre das H als Endbuchstab zu betrachten, da auf anderen Vasenbildern die Anwendung von E und H mitunter neben einanderhergeht. Neuerdings hat A. Michaelis die Vase unter demselben Gesichtspunkt untersucht, s. Nuove memorie dell' Inst. 1865 p. 195 s., und darnach kann dieser Buchstab ebensowohl als N verstanden und demnach ƎꓘIN ergänzt werden.

jetzt im Cabinet des médailles zu Paris, Gerhard Rapp. volc. Note 381, Panofka Annali d. I. 1830 p. 334, De Witte Cat. Durand No. 334, Chabouillet Cat. du cab. d. méd. No. 3322, Roulez Mélanges d'archéologie IV p. 383. Eine Zeichnung dieser Vase habe ich in Gerhards Denkmäler und Forsch. 1866 bekannt gemacht. — Drei Frauen mit Kränzen in Händen, als ΑΘΕΝΑΙΑ, ΗΕΒΕ und ΗΕΡΑ bezeichnet, schreiten dem durch seine Tracht kenntlichen, überdies auch noch inschriftlich benannten Herakles, ΗΕΡΑΚΛΕΣ entgegen, welchem seine Quadriga von Iolaos, ΙΟΛΕΟΣ[1]), gelenkt voraufgeht. Herakles hält in der erhobenen rechten Hand auch seinerseits einen Kranz[2]); es ist deutlich dass ihm hier Hebe von Athene und Hera feierlich zugeführt wird. Von den vier Pferden sind zwei als ΑΡΙΟ[ν][3]) und, wie es scheint, ΠΕΡΚΟΣ benannt[4]). Der auf dem Wagen stehende Iolaos ist des beschränkten Raumes wegen kleiner als die übrigen Figuren. Die Figuren sind mit blassem Schwarz auf rotem Grund ausgeführt; ausser diesen beiden Farben ist noch weiss und violett angewendet[5]). Die Vase ist bisher als sehr altertümlich bezeichnet. Aber schon der Umstand dass Athene waffenlos erscheint, worin ich vielmehr eine Nachlässigkeit als eine Feinheit des Vasenmalers zu suchen geneigt bin, ist auffällig; damit verbunden führen die, wie es scheint nicht seltenen Versehen in den Inschriften und die ganze Art der Zeichnung, wie sie sich namentlich in den Gestalten des Herakles, des Iolaos und in den Pferden verrät, auch ohne Prüfung des Originals fast notwendig auf die Voraussetzung, dass hier nicht eine archaische Vase, sondern vielmehr die archaistische Reproduction ähnlicher altertümlicher Darstellungen vorliegt. Sie verliert dadurch nichts an Bedeutung für unseren Gegenstand, sondern

[1]) Vgl. O. Jahn Einleitung zur Beschreibung der Vasensammlung König Ludwigs S. CLXIX.

[2]) Vgl. Becker Charikles III, 308. K. F. Hermann Griech. Privatalt. § 31, 13. Annali d. I. 1864 p. 92.

[3]) Vgl. Bullettino d. I. 1865 p. 54.

[4]) So liest De Witte mit viel Wahrscheinlichkeit.

[5]) Das vorderste Pferd ist schwarz, mit roter Mähne und rotem Schweif, roten Flecken auf den Schenkeln; es ist endlich noch rot am Bauch. Das zweite ist schwarz. Das dritte ist weiss mit schwarzer Mähne und schwarzem Schweif. Das letzte ist schwarz mit weisser Mähne. Bei den Frauen sind Gesicht und Arme weiss, die Füsse schwarz (?), die Haare rot. Das Gewand der Hebe ist zum grösseren Theil rot, das mittlere Stück schwarz.

führt uns in den öfter zusammengestellten und besprochenen[1]) Kreis jener ungemein zahlreichen Vasenbilder der älteren Art ein, in welchen, von anderen Figuren umgeben, meist ein bärtiger Mann neben einer verschleierten Frau auf vierspännigem Wagen erscheint. Die umgebenden Figuren und auch die Anordnung wechseln mannigfach; doch sind gewöhnlich der leierspielende Apoll, ferner Hermes und Dionysos, öfter auch Artemis genügend charakterisiert. Es sind in diesen Bildern deutlich Festzüge gemeint; wie es scheint zumeist menschliche Hochzeitszüge, in welchen die Braut attischer Sitte gemäss[2]) auf dem Wagen feierlich heimgeführt wird und es hat nach Analogie des sonstigen Kunstgebrauchs griechischer Monumente, und vor allem der Vasen selbst, nichts Auffälliges dass dabei die Götter selbst leibhaftig als Brautführer und schützende Genossen der Sterblichen erscheinen. Dagegen ist eine mythische Deutung geboten wo Herakles, der Athene oder einer andern Frau gesellt, in jenen Zügen auftritt. Man hat von diesen Vorstellungen früher eine Weile ziemlich allgemein möglichst viele auf eine auch für diese Denkmälergattung vorausgesetzte Hochzeit des Herakles sich zu deuten bemüht, eine Erklärungsweise, welche jetzt wol ebenso allgemein der einfacheren und natürlichen, auf des Herakles feierliche Einführung durch Athene in den Olymp, gewichen sein wird. Dass aber auch den derartigen Vorstellungen die Beziehung auf die Hochzeit des Herakles, zwar nicht mit Athene, wohl aber mit Hebe, nicht immer fremd ist, beweist die eben besprochene Durand'sche Vase, deren Deutung durch die Inschriften sicher steht; und es ist schon früher darauf hingedeutet worden, wie dies mythologisch durchaus begründet ist[3]). Indem wir es daher verschmähen bei den Vasen dieses Kreises in den vielen Fällen den Namen Hebe vorzuschlagen, wo für eine der dargestellten Frauen dieser Name eben nicht weniger passend oder unpassend ist, als fünf oder sechs andere, werden wir um so mehr in einigen Bildern Hebe erkennen dürfen, für welche sich diese Erklärung in der That ungezwungen darbietet.

---

1) Vgl. O. Jahn Archäol. Aufsätze S. 83 ff.

2) Vgl. K. F. Hermann Griech. Privatalt. § 31. Becker Charikles III S. 304 ff.

3) Vgl. O. Jahn Archäol. Aufsätze S. 124.

2. Hydria, der Pizzati'schen Sammlung; abgebildet bei Roulez Mélanges IV zu p. 381—388. Vgl. O. Jahn Archäol. Aufsätze S. 103. — Auf dem Hauptbilde dieser schwarzfigurigen Hydria sehen wir Herakles, bärtig, durch über den Kopf gezogenes Löwenfell und die Keule in der gehobenen Linken kenntlich, auf einer Quadriga. Ihm zur Seite steht Hebe; sie, als Göttin, führt die Zügel und hat diese schon ergriffen, während sie noch mit einem Fusse auf dem Erdboden steht. Sie ist mit doppeltem Gewand bekleidet; das lange auf den Rücken herabfallende Haar ist mit einer Art Stephanos zusammengehalten. Hinter den Pferden ist Athene mit Helm und Aegis kenntlich. Sie erhebt die linke Hand, wie in lebendigem Gespräch mit dem vor ihr stehenden und zu ihr gewandten Dionysos, der bärtig und epheubekränzt ist. Vor den Pferden steht, der Quadriga zugekehrt, eine Frau in doppeltem Gewand, das obere schleierartig über den Kopf gezogen, — die Brautmutter Hera. Im Grund sind Rebzweige[1]).

3. Hydria, im Besitz des Herrn. Rollin; abgeb. bei Gerhard Auserl. Vasenb. IV Taf. 325. Vgl. ebd. S. 100f. — Diese ganze Vase ist mit der vorigen fast völlig identisch[2]).

4. Amphora, im kgl. Museum in Berlin; abgeb. bei Gerhard Auserles. Vasenb. II Taf. 140. Vgl. ebd. S. 170—172. I S. 141 Anm. 208. Neuerworbene Denkmäler 1846 No. 1708. O. Jahn Archäol. Aufsätze S. 97f. — Herakles, mit der Keule, ist auf einem vierspännigen Wagen neben einer jugendlichen weiblichen Figur sichtbar, welche Zügel und Stab hält. Hinter dem Wagen folgt ein bärtiger Mann mit Petasus und Schnabelschuhen; er wendet den Kopf zurück, als ob noch andere Theilnehmer des Zuges hinter ihm herkämen[3]). Daneben ist der lorbeerbekränzte leierspielende Apoll

[1]) In einem oberen Streifen ist Eris zwischen zwei Quadrigen dargestellt.

[2]) Der Verdacht der Identität der beiden Vasen liegt sehr nahe. Aber die Gerhard'sche Zeichnung wurde im Jahr 1856 bei Herrn Rollin genommen, die Roulez'sche ist im Jahr 1843 publiciert; und es ist nicht wahrscheinlich dass die Vase aus der Pizzati'schen Sammlung einzeln an Hrn. Rollin gekommen sei. Auch sind völlig identische Repliken nicht ohne Beispiel. Vgl. Benndorf Bullettino d. I. 1865 p. 160. — Uebrigens erklärt Gerhard die Frau neben Herakles für Alkmene, die vor den Pferden für Hebe.

[3]) Gerhard Neuerw. Denkm. no. 1708: 'Die Pferde sind zur Abfahrt bereit, die Hermes besorgt haben mag, obwohl er ... von dem bezeichneten Paar, hinter dem er steht, in gewohnter ironischer Weise den Blick abwendet.' De Witte

kenntlich, ferner zu diesem gewendet Poseidon mit Fisch und Dreizack. Vorn an den Pferden ist Hermes nur theilweise sichtbar, welcher, wie es scheint, die Quadriga führen soll. Den Ankömmlingen zugewendet steht endlich vor den Pferden eine Frau. Nach Analogie der vorigen Bilder (2. 3) wird diese, obwol ohne Schleier, für Hera, die Braut auf dem Wagen für Hebe erklärt werden können. Es hat ferner an sich keine Schwierigkeit eine Nachlässigkeit des Vasenmalers anzunehmen und auch den hinter dem Wagen folgenden Mann für Hermes zu halten; doch liegt der Gedanke an Iolaos um so näher, als er in der ähnlichen Scene der Durand'schen Vase inschriftlich bezeugt auftritt und für ihn, der gleichsam als Herold des Herakles gefasst werden kann, auch die dem Hermes ähnliche Tracht nicht so unnatürlich wäre [1]).

5. Amphora des Berliner Museum's, beschrieben von Gerhard Neuerworbne Denkm. (1846) No. 1711. — Herakles, durch die Keule kenntlich, steht auf einer Quadriga neben einer weiblichen Figur, welche die Zügel führt; neben den Pferden steht Dionysos, einen Epheuzweig in der Rechten, dem Paare zugewandt. Gleich hinter ihm steht, durch die Pferde grösstentheils verdeckt, aber durch Petasus und Flügelschuhe bezeichnet, Hermes. Eine Frau mit langem Stab steht vor den Pferden. In dieser wird also Hera mit dem Scepter, in der Figur neben Herakles aber Hebe vorauszusetzen sein [2]).

Cat. Durand no. 332 bemerkt bei der Beschreibung der oben besprochenen Inschriftvase '... Héra, qui retourne la tête en arrière, comme portant encore un sentiment de jalousie au fils d' Alcmène.' Solche Drehungen der Köpfe bedürfen auf den Vasen dieses Stiles an sich überhaupt keiner Erklärung, weil dieser Stil nur Köpfe im Profil kennt, und sich daher sehr häufig dieses Notbehelfs bedient. Ferner aber ist es fast constant, dass auf derartigen Darstellungen von Zügen die letzte Figur sich nach rückwärts umwendet, wodurch es den Anschein gewinnt als ob noch andere Personen hinterher kämen. Eine Analogie dafür bietet bekanntlich auch die vollendete Kunst, die Vorstellungen des Parthenonfrieses.

[1]) Gerhard und Jahn halten die Frau neben Herakles für Athena, diejenige vor den Pferden wird von Gerhard als Kora, von Jahn als Alkmene bezeichnet. Für den Mann hinter dem Wagen dachte schon Gerhard an Iolaos, zog aber die Deutung auf Hephäst vor. Ueber die Tracht der Stiefel vgl. O. Jahn Archäol. Aufsätze S. 48, 9. Auf der Rückseite der Vase befindet sich eine ähnliche, aber bakchische Scene.

[2]) Gerhard bezeichnet diese als Athene. Der Revers der Vase ist mit Quadriga, der Hals jederseits mit der Darstellung zweier Rinder versehen.

6. Amphora im kgl. Museum zu Berlin, von Gerhard Auserlesene Vasenb. II S. 169, 39 f. erwähnt. Vgl. O. Jahn Archäol. Aufs. S. 97. — Herakles und eine Frau — Hebe — stehen auf der Quadriga; neben den Pferden erscheinen Dionysos und eine auf Kora gedeutete Frau. Vor den Pferden noch eine Frau — Hera[1]).

7. Hydria, aus Vulci, früher in der Durand'schen, dann in der Pourtalès'schen Sammlung; abgebildet bei Gerhard Auserlesene Vasenb. II Taf. 111. Vgl. Cabinet Durand No. 302. O. Jahn Archäol. Aufs. S. 100. Roulez Mélanges IV S. 383. — Auf dem Hauptbilde ist Herakles in harter Arbeit, nemlich im Kampfe mit Triton dargestellt; dagegen er im Friesbild in seinen höchsten Ehren erscheint. Athene steht hier allein auf der Quadriga, den einen Fuss noch auf der Erde. Ihr folgt der bärtige, epheubekränzte Dionysos mit dem Trinkhorn in der Hand, und eine verschleierte Frau, welche auf Kora gedeutet wird. Den genannten Personen eilt Hermes, mit Petasus Schnabelstiefeln und Kerykeion, mit lebendiger Geberde entgegen. Herakles, in Chiton und Löwenfell, mit Schwert Keule und Bogen bewaffnet, schreitet dem Zuge langsam entgegen; hinter ihm eine Frau, welche die Rechte erhoben hat. Es liegt nahe auch in dieser Figur Hebe zu vermuthen[2]).

8. Diesen Vorstellungen (2—5) scheint sich endlich eine aus Ruvo herrührende nachgeahmt altertümliche Amphora anzuschliessen, welche von Schulz im Bullettino dell' Instituto archeologico 1836 p. 76 also beschrieben wird: 'Pure di disegno arcaico ma per quanto alla forma ed allo stile di un' epoca posteriore è una grande anfora a volute, presso il Sig. Ficco; vi si scorge una vernice nera liscia con figure nere sopra fondo rosso. Il collo del vaso è coperto di ricche volute d'edera. Sul campo principale si vede Ercole con Ebe sopra una biga seguita da Minerva e Mercurio ed a maggiore distanza da due donne, di cui l'una per via dello scettro che porta pare sia Giunone. L'Alcide frenando i cavalli ha in mano una verga bianca. Le figure presentano i soliti attributi; la faccia ed i piedi delle donne sono dipinti a colori bianchi'.

---

[1]) Auch hier deuten Gerhard und Jahn die Frau neben Herakles auf Athene; die vor den Pferden wird von Gerhard als Iris, von Jahn als Alkmene gefasst.

[2]) Gerhard und Jahn nennen sie Alkmene; Roulez Hebe.

9. Amphora, ebenfalls noch mit schwarzen Figuren, aus Vulci, früher in der Durand'schen Sammlung[1], in deren Catalog von De Witte unter No. 316 beschrieben wie folgt: 'Hercule imberbe est couché sur une cliné richement ornée. Les montants sont decorés de volutes ioniques. Devant lui est une table, sur laquelle sont posés différents objets; une base est sous la table. En arrière de la cliné est Hébé debout, vêtue d'une riche tunique et munie de l'oenochoé et d'une branche de lierre . . . . . A l'autre extremité de la cliné est Mercure debout; il est barbu, vêtu d'une chlamyde, pourvu du pétase, d'une baguette et de bottines. Dans le champ, une draperie suspendue devant Hercule'. Auf der Gegenseite soll sich befinden 'Hercule vendu par Mercure à Omphalé'. Wenn Beschreibung und Deutung richtig sein sollten, woran ich allerdings, zumal für diese letzte Vorstellung, sehr zweifle, so würden die beiden Bilder in absichtlichem Gegensatz stehen: Herakles' tiefste Schmach bei Omphale —, und seine Vergöttlichung. Denn auch diese seine Ruhe, während ihm Götter gesellt sind[2], wird als einer der bildlichen Ausdrücke für seine Apotheose aufgefasst werden können. Auch würde hier die Deutung der ihm gesellten Frau mit der Oenochoe auf Hebe naheliegend und klar sein. —

Ungleich schwieriger ist häufig die Entscheidung ob wir Hebe in ihrem eigentlichen Amte als Mundschenkin der Götter anerkennen dürfen, bei Vasenbildern mit roten Figuren des strengen und freien Stiles. Denn auch hier treten wir in einen sehr reichen Kreis von Darstellungen ein; ich meine jene trotz alles Wechsels im einzelnen mitunter schwer von einander zu scheidenden und für sich zu beurteilenden Scenen von Spendungen und Darreichung eines Trunkes, daher auch die folgenden Bemerkungen keine andere Absicht haben können, als die für unseren Gegenstand getroffene, etwas karge Wahl zu rechtfertigen. —

Der Brauch, demgemäss es den Mädchen zukömmt den Wein einzugiessen, ist schon früher an Beispielen aus der Götter- und Heroenwelt wie an solchen des täglichen Lebens aus den Vasenbil-

---

1) Bei der Versteigerung der Sammlung kam diese Vase, laut einer mir von Hrn. Geh. R. R. Gerhard mitgetheilten Notiz, in Besitz des Hrn. A. Lorne.

2) Vgl. Gerhard Auserlesne Vasenb. II, 108.

dern erläutert worden. Daran schliesst sich die Sitte des Libierens an, einmal bei jedem Trunk, dann noch in besonderer Opferhandlung am Altar. Es ist aus den oben in anderem Zusammenhang angeführten Versen der Sappho und aus Homer bekannt, dass auch die Götter selbst libierend gedacht werden; und man pflegt als anschauliche Bestätigung dafür die Monumente anzuführen, mit Recht[1]). Aber es muss dabei zwischen Eingiessen und Libieren geschieden werden; denn beide Arten des Libierens sind auf die Götter übertragen. Wenn z. B. auf einem schönen Vasenbilde[2]) Athene die Oenochoe hält, um dem Zeus in die von ihm gehaltene Schale einzugiessen, so ist es nach antikem Brauch eben nicht Athene, welche libiert, sondern Zeus würde nach menschlicher Sitte, ehe er die Schale zu den Lippen führt, die Spende ausgiessen. Daher es wenigstens sehr missverstanden werden kann, wenn davon geredet wird dass Athene dem Herakles, Demeter oder Kora dem Triptolemos, Leto oder Artemis dem Apoll 'die Spende eingiesse'. Wenn Nike dem Zeus die von ihm gehaltene Schale füllt[3]) und wenn sie in seiner Gegenwart eine Spende auf den Altar zu giessen im Begriff ist[4]), so liegt beidemale die Vorstellung der Zusammengehörigkeit dieser beiden Gottheiten zu Grunde; aber es sind zwei völlig verschiedene Ausdrucksformen dieses selben Gedankens. Es verhält sich ähnlich mit den Darstellungen des Apollon Kitharödos. Wenn auf den choragischen Reliefs[5]) Nike dem Apoll die Schale vollgiesst, damit er vor seinem eignen Götterbild libiere, so ist Apoll das göttliche Vorbild des irdischen sieghaften Kitharöden, die ganze Scene ein in's Göttliche übersetzter irdischer Vorgang. Man muss ebenso voraussetzen, dass Apollo selbst libieren wird, und zwar am natürlichsten zu Ehren des Zeus, wenn er auf einem Vasenbild[6]) mit Leier und Schale vor einem Altar steht und Leto die Oenochoe erhebt, um ihm einzugiessen, während noch Artemis mit Bogen und Köcher gegenwärtig ist. Etwas anders gewandt ist wiederum der

---

1) Vgl. Stephani Compte-rendu pour 1859 p. 94 s. — Wieseler's Schedae crit. in Aeschyli Prometheum vinctum und des selben Recension von Lützow's Münchner Antiken sind mir nicht zugänglich.

2) Bullettino d. I. 1865 p. 215. 3) Vgl. Élite céram. I, 15. 23 III, 11.

4) Élite céram. I, 14. 5) Vgl. Welcker Alte Denkm. II, 37 ff.

6) Élite céram. II, 36 A.

Gedanke, wenn Leto und Artemis selbst in Apolls Gegenwart libieren, sei es dem Zeus, der den Sieg verleiht, oder sei es auch dem Apoll selbst, wie von der Macht seines Gesanges hingerissen [1]). Von anderen Gottheiten aber, die deutlich am Altar ein förmliches Trankopfer darbringen, wüsste ich nur Hermes [2]), Nike [3]) und Eros [4]) zu nennen, und für alle diese ist die Ursache leicht erkennbar. Hermes [5]) ist als göttlicher Herold an sich Opfergottheit; darauf dass Nike ebenfalls in dieses Heroldamt eintritt ist schon früher hingedeutet worden. Es ist bekannt wie sie als göttliche Vollenderin fast aller denkbaren menschlichen Thaten gedacht wird, wie sie Opferthiere zum Altar führt und wie sie besonders als Opfergöttin jeder Art auftritt. Es kann ferner nicht auffallen dass Eros, der im Fortgang der bildenden Kunst immer mehr das männliche Gegenbild der Nike wird, auch die angeführte Verwendung mit ihr gemein hat. Es liegt endlich auf der Hand dass durch die beiden letztgenannten Gottheiten die Opferhandlung häufig noch in eine besondere an sich klare Beziehung gesetzt werden konnte. Wenn wir hiernach den Schluss auf unseren Gegenstand ziehen, so würde Hebe überall da zu erkennen sein, wo einer deutlich als Gottheit bezeichneten Figur ein Mädchen den Trunk eingiessend oder darreichend auftritt, mit Ausnahme natürlich derjenigen Fälle, in welchen der besondere Charakter der Gottheit, welche den Trunk empfängt, eine andere Deutung notwendig oder wahrscheinlich macht, wie dies z. B. für die Triptolemosbilder und für Darstellungen aus dem bakchischen Kreis an sich klar ist. Aber auch wenn z. B. zu dem Apoll ein Mädchen in dorischem Chiton mit der Oenochoe herantritt [6]), so wird hier, im Zusammenhang anderer ähnlicher aber deutlicherer oder vollständigerer Darstellungen, in welchen über die Figuren der Leto und Artemis kein Zweifel sein kann, nicht an Hebe sondern an Artemis zu denken sein. Bei Zeus, Hera und den andern Gottheiten wird sich selten ein Grund ergeben an Hebe als Mundschenkin zu zwei-

---

1) Élite céram. II, 34 = Gerhard Auserl. Vasenb. I, 30.

2) Élite céram. III, 76. Vgl. ebd. 75.

3) Vgl. Élite céram. I, 92. 93. 4) Élite céram. IV, 47.

5) Vgl. Bullettino d. I. 1865 p. 219. Élite céram. III, 87.

6) Élite II, 13. 19. Eine solche Darstellung ist auch auf einem Giessgefäss im Besitze des Cav. Brüls; die Zeichnung befindet sich im Apparat des archäologischen Instituts.

feln. Auch wird sich, wenigstens bei den männlichen Figuren, mit der einzigen Ausnahme der dem Ares ähnlichen, meist sehr leicht entscheiden lassen, ob Götter oder Menschen dargestellt sind. Dagegen diejenigen Fälle abzuweisen sind, in welchen die vermeintliche Hebe nichts ist als eine Opfergehülfin, welche als *ὑποσπονδοφόρος*[1]) bei einem irgendwelcher Gottheit zu bringenden Opfer — und auch bei einer solchen irdischen Opferhandlung kann die Gottheit der es gilt leibhaftig anwesend gedacht werden[2]) — in der nemlichen Art auftritt wie sonst dienende Knaben[3]). Hierfür scheint mir besonders lehrreich ein in der Élite céramographique IV, 98 veröffentlichtes, und daselbst p. 244 s. auf Hebe und Ares gedeutetes Innenbild einer rotfigurigen Schale der Sammlung Pembroke. Auf der linken Seite ist die grössere Hälfte eines Altars mit lodernder Flamme sichtbar. Davor mit den Füssen nach dem selben hingewendet steht ein gerüsteter bärtiger Krieger. Er hält mit der Linken den Speer auf den Boden aufgestützt und wendet sich mit Kopf und Oberkörper zurück, um die Schale, welche er in der rechten Hand hält, von dem hinter ihm befindlichen Mädchen füllen zu lassen. Diese ist mit Chiton, Peplos und Haube bekleidet; sie hält mit der Linken einen Zweig[4]), mit der Rechten ist sie im Begriff, aus ihrer Oenochoe dem Krieger die Schale zu füllen. Zwischen beiden Figuren ist noch ein Altar befindlich. Hier ist es sehr deutlich, dass es sich um eine in die Flammen des Altars zu giessende Spende handelt, und dass das Mädchen dabei dem Krieger als *ὑποσπονδοφόρος* dient. Das Bild gewinnt übrigens sowohl an Klarheit als an Schönheit durch den poetischen Zusammenhang mit den Aussenbildern, woselbst eine Schaar sich waffnender Krieger dargestellt ist. Bevor sie alle in den Kampf ziehen, bringt ihr Führer sein Opfer der Gottheit dar, von der er Schutz und Sieg hofft. Nach Massgabe dieser sprechenden Vorstellung ist eine Reihe von analogen, aber auf den ersten Blick weniger deutlichen Scenen zu beurteilen[5]).

---

1) Beulé Peloponn. p. 301.

2) Gerhard Auserlesne Vasenb. II, 245. Élite céram. I, 80.

3) Élite céram. II, 106. 108.

4) Solche Figuren tragen fast stets in der linken Hand einen Zweig, der bekanntlich im Cultus sehr häufig angewendet wird. Vgl. Lübbert Annali d. I. 1865 p. 93 s.

5) Elite céram. II, 95.

10. Gefäss von der Form des s. g. Stamnos, mit roten Figuren; aus Vulci, in der Sammlung Fontana, abgeb. bei Gerhard Auserlesne Vasenb. II, 146. 147. Vgl. ebd. S. 182—184. O. Jahn Archäol. Aufs. S. 104—107. —

In dieser reichen Darstellung der Einführung des Herakles in den Olymp ist die Hauptgruppe von sechs Figuren leicht kenntlich. Athene hat den Herakles an der Hand gefasst und führt ihn zu Zeus hin, welcher ihm die Rechte zum Willkommen entgegenreicht. Artemis mit der Fackel steht neben Zeus. Auf der anderen Seite folgt zunächst Apoll, leierspielend. So sind die Ankömmlinge von den Hochzeitsgöttern umgeben. Die Braut, Hebe, steht neben Apoll, der sich nach ihr umwendet; sie ist mit Chiton und Peplos bekleidet, mit Binden im Haar geschmückt; in der gesenkten Linken hält sie die Oenochoe. So sieht sie mit lebendig erhobener Rechten nach dem neuen Bewohner des Olymp hin, dem sie den Trank der Unsterblichkeit schenken und dessen Gattin sie werden soll. Die Hauptgruppe ist jederseits von anderen Gottheiten umgeben. Poseidon, Hermes und Dionysos sind in lebhaftem Gespräch über das neue Ereigniss begriffen, welches auch den staunenden Göttern der Meerestiefen, Nereus und Doris, von einer heraneilenden Nereide verkündet wird, während eine andere ruhig staunend neben ihrem Erzeuger steht[1].

11. Kylix des britischen Museums, aus Vulci, abgeb. bei Gerhard Trinkschalen und Gefässe Taf. D. Vgl. ebd. S. 25 f. De Witte Cat. Durand no. 395. Catal. of the vases of the British Museum no. 811[2]. —

---

1) Gerhard und Jahn beziehen das Bild auf die Hochzeit des Herakles und der Athene. In der Figur neben Zeus vermutet Gerhard Hestia, Hera oder Iris; die neben Apoll nennt er Artemis, diejenige zwischen Dionysos und Nereus Thetis oder Doris; die heraneilende endlich Iris. In der Figur hinter Nereus ist O. Jahn geneigt Hera zu erkennen, welche sich aus Verdruss über die Einführung des Herakles in den Olymp, ähnlich wie sie es Il. 14, 200 vorgiebt, zu den Meergöttern begeben habe.

2) Gerhard erklärt die Bilder auf Memnon in Ober- und Unterwelt; ähnlich sucht auch De Witte in dem einen Aussenbild eine Darstellung der Unterwelt. Die im Katalog des britischen Museums gegebne Erklärung weicht von der hier im Texte vorgetragnen Deutung nur darin ab, dass Ares nach seiner Verwundung durch Diomedes im Olymp ankommen soll.

Es ist schon früher bemerkt worden, dass in der mythologischen Anschauung der Hellenen in dem Mundschenkenamt bei den Göttern Hebe, Ganymedes und Nike nebeneinander hergehen Als deutliches Beispiel dafür hat die hier zu besprechende schöne Schale einen besonderen Wert. Auf dem Innenbild sehen wir Zeus auf zierlichem mit einem Teppiche bedeckten Stuhle thronend. Er ist bärtig, mit der königlichen Binde im Haar geschmückt, mit Chiton und weitem Mantel und mit Schuhen bekleidet. Mit freundlicher Gebärde hat er die linke Hand etwas erhoben, während die rechte die Schale bereit hält, in welche ihm Hebe einzugiessen im Begriff ist. Diese hat sich im Vorüberwandeln zu ihm gekehrt und hält in der erhobenen Rechten die Oenochoe; mit der Linken hat sie ihr Gewand gefasst, damit es sie beim Gehen nicht hindere. Sie ist mit Chiton und Peplos bekleidet, am Kopfe mit einer hinten offenen Haube geschmückt, durch welche das zusammengeschlungene Haar hindurchquillt; das linke Handgelenk schmückt ein Armband. Im Hintergrunde deutet eine Säule mit darauf ruhendem Gebälk an, dass die Scene im olympischen Palaste vor sich geht. Im Felde unleserliche Inschriften. — Die Aussenbilder theilen sich in zwei Darstellungen. Die eine ist der Kampf zwischen Achill und Memnon. Der letztere ist schon zusammengesunken. Von der einen Seite eilt Eos, von der andern die als dämonisches Wesen hier gleichfalls geflügelte [1]) Thetis mit Gebärden des Schmerzes herbei, jede mit vorgestreckter Hand dem eignen Sohne Hülfe zu bringen bestrebt. — Das andere Bild wird an den Enden durch ein thronendes Götterpaar eingefasst. Auf der einen Seite nemlich sitzt Zeus, von der Darstellung des Innenbildes nur wenig verschieden; vor ihm steht mit erhobener Oenochoe Ganymedes in einfachem Mantel, eine Binde um das Haar [2]). Hinter ihm folgt Ares, bärtig, in Chiton und Man-

---

[1]) Vgl. Monumenti I, 37. De Witte Annali 1832 p. 117 s. — Auch kann die Analogie der entsprechenden Figur der Eos die Beflüglung veranlasst haben.

[2]) Auf einer sehr schönen Vase der Campana'schen Sammlung Cataloghi del Museo Campana IV, 781, von der Form der s. g. Pelike, welche sich jetzt in Paris befindet und deren Zeichnung im Apparat des archäologischen Instituts ist, erscheint Zeus, auf einem Stuhle sitzend, langbekleidet, bärtig, mit lang herabfallendem Haare dargestellt. Er hält mit der linken Hand den Blitz und ein langes Scepter, auf dessen Spitze der Adler sitzt; in der vorgestreckten Rechten hält er

tel, mit Beinschienen und Helm. In der Rechten führt er die Lanze, in der Linken einen gewaltigen Schild mit Schlange als Schildzeichen. An dem anderen Ende thront die reich bekleidete und geschmückte Hera, in der Linken hält sie das Scepter, in der ausgestreckten Rechten die Schale, welche die vor ihr stehende geflügelte Nike ihr füllen soll. Diese hält in der rechten Hand die Kanne, die linke ist lebhaft erhoben. Ihre Tracht ist derjenigen der Hebe auf dem Innenbild sehr ähnlich. Eine Säule deutet wiederum das olympische Götterhaus an. Endlich bleibt noch der Panther zu erwähnen, welcher hinter Zeus den freien Raum unter dem Henkel einnimmt, und für die Erklärung wol kaum in Betracht kömmt. Die Vase erinnert im Stil an die Vasen des Duris und Brygos. Die Zeichnung ist nicht frei und nicht correkt, aber zierlich und sorgfältig und einzelnes, wie gerade die freilich sehr verzeichnete Figur der Hebe, ist an sich fein gedacht. Wenn wir daher bei einem derartigen Werke eine besondere Absicht in der Wahl der zusammen dargestellten Gegenstände wol mit Recht voraussetzen dürfen, so entspricht dem Zweck des Gefässes, das zum Trunke dienen soll, zunächst das Mittelbild: Zeus selbst mit der Schale, die ihm Hebe mit Nektar füllt. Daran schliesst sich das Aussenbild an. Zeus und Hera wiederum mit den Trinkschalen. Aber zwischen ihnen steht der Kriegsgott. Während die Olympier in leidloser Jugend hinleben, stellt das Gegenbild die Not der Menschen dar: selbst halbgöttliche Helden wie Achill und Memnon müssen untergehen und über ihr Geschick jammern ihre Mütter, die Göttinnen, die sich sterblichen Menschen gesellt und darum auch von irdischer Not nicht unberührt bleiben.

12. Amphora aus Caere; aus den Ausgrabungen der Herren Calabresi in den Besitz des Hrn. A. Castellani zu Rom gekommen, jetzt in dem Museum für Kunst und Industrie in Wien[1].

Ein bärtiger bekränzter Mann mit Krobylos[2]) am Hinterkopf,

---

eine Schale. Vor ihm steht Ganymedes in langem Mantel, welcher rechten Arm und rechte Schulter freilässt, mit einer Binde im Haar, und füllt aus der erhobe- Oenochoe dem Zeus die Schale.

[1]) Diese Vase, deren Zeichnung ich aus dem Apparat des archäologischen Instituts kenne, ist für die Publication in Gerhards Archäol. Ztg. bestimmt.

[2]) Ueber den Krobylos ist zu vergleichen Conze in den Nuove Memorie dell' Instituto arch. 1865. p. 408 ss.

mit doppeltem Gewand bekleidet, durch Dreizack und den Fisch in der linken Hand deutlich als Poseidon bezeichnet, steht mit erhobener rechten vor einem Mädchen, welche ihm eine Schale zu überreichen im Begriff ist. Diese ist mit feinem Chiton und Peplos und mit einer Haube bekleidet, welche den ganzen Hinterkopf bedeckt und vorn über der Stirn, der Form einer niederen Stephane entsprechend, zurückgeschlagen ist; sie ist ferner mit Ohrgehänge versehen. In der linken Hand hält sie ein Scepter, in der rechten die Schale. Für die Deutung dieser Figur könnte man versucht sein eine vulcenter Amphora der Feoli'schen Sammlung[1]) zu verwerten, wo eine ähnliche dem Poseidon einschenkende Figur durch den Fisch in der Linken deutlich als Nereide bezeichnet erscheint, während hinter dem Poseidon noch eine zweite Nereide befindlich ist. Aber dort ist mit diesem Bilde dasjenige der Rückseite in Verbindung zu bringen, woselbst Nereus zwischen zwei Nereiden dargestellt ist. Es ist also diese ganze Scene als in den Meerestiefen vorgehend gedacht. Dagegen Poseidon sonst ebensowohl im Olymp gedacht wird, und wie er andremale dort mit den anderen Göttern gemeinsam den Trunk von Nike empfängt[2]) und Ganymedes ihm die gefüllte Schale reicht[3]), so wird auf unserer Vase, wo das Gegenbild nicht auf einen besonderen Idee'nkreis hinführt, nicht mit völliger Sicherheit, aber mit Wahrscheinlichkeit Hebe anerkannt werden[4]) können. — Die Rückseite nimmt eine Darstellung der Verfolgung der Oreithyia durch Boreas ein[5]). — Dagegen wird es zweifelhaft bleiben müssen, ob auf dem Innenbild einer Schale des Duris in einer analogen Darstellung Hebe, oder nicht vielmehr eine Nereide vorausgesetzt werden müsse, denn dort sind es die umgebenden Bilder des Kampfs der Thetis mit Peleus und des Poseidon, neben Amphitrite umgeben von Nereiden, welche den Gedanken an eine Nereide wenigstens sehr nahe

---

[1]) Campanari Vasi della coll. Feoli no. 10. — Eine Zeichnung dieser Vase befindet sich im Apparat des archäologischen Instituts. Campanari erklärt die Figuren neben Poseidon für Amphitrite und Doris.

[2]) Monumenti d. I. I, 24. 25. = Gerhard Trinksch. 6. 7.

[3]) Élite céram. III, 6. Vgl. Gerhard Trinksch. und Gefässe II Taf. H.

[4]) Auch das Scepter würde für eine Nereide weniger passend sein als es für die πότνια Ἥβη ist.

[5]) Ueber diese Vorstellungen vgl. Stark Annali d. I. 1860 p. 320—345.

legen[1]). Sie ist mit Chiton und Peplos und mit vorn über der Stirn verzierter Haube bekleidet, von welcher ein Schleiertuch über den Rücken herabfällt; mit der linken Hand hat sie ihr Gewand angefasst; mit der rechten erhebt sie die Oenochoe, um dem vor ihr sitzenden Gotte die Schale zu füllen. Er hält diese in der vorgestreckten rechten Hand, während er in der linken den Dreizack hat.

13. Amphora, von nolanischer Art, bisher in der Pourtalès'schen Sammlung; abgebildet bei Panofka Antiques du cabinet Pourtalès pl. I p. 23. s. Élite céram. I pl. 20 p. 38. —

Vor einem königlichen, mit feingefältetem Chiton und Mantel bekleideten, lorbeerbekränzten bärtigen Manne, welcher in der linken Hand ein durch einen Granatapfel bekröntes Scepter hält und die rechte Hand in die Seite stemmt — Zeus —, steht ein Mädchen, das in der linken Hand eine Schale hält, in welche sie mit der rechten aus einer Oenochoe eingiesst — Hebe —. Sie ist mit feingefältetem Chiton und Peplos bekleidet; ihr Haar ist mit Bändern aufgebunden[2].

14. Hydria, aus der Candelori'schen Sammlung, also aus Vulci herstammend, in München. S. O. Jahn Beschreibung der Vasensammlung König Ludwigs no. 358; abgeb. bei Gerhard Auserlesne Vasenb. IV, 300 S. 13. Die eine Figur ist auf unserer Tafel V, 2 wiederholt. —

Ein Mädchen in übergeschlagenem Chiton und Haube, mit der Schale in der gesenkten linken Hand und der Oenochoe in der rechten — Hebe —, tritt zu einer mit Stephane geschmückten, mit Chiton und Peplos bekleideten Frau heran, welche in der Rechten ein Scepter hält — Hera —. Sie wendet sich nach einer ähnlich gekleideten Frau um, welche die Rechte erhebt, — vielleicht Aphrodite —. Zwischen den beiden letztgenannten ein Schwan[3]).

15. Vasenbild, nolanischer Art, abgeb. bei Tischbein Vases d'Hamilton IV, 4. Élite I, 71. —[4]).

---

1) Cataloghi del Museo Campana IV, 702; jetzt in Paris. Es ist manches daran moderne Restauration; eine Zeichnung befindet sich im Apparat des archäologischen Instituts.

2) Auf dem Revers zwei Mantelfiguren. S. Panofka a. O. p. 24.

3) Ueber den Schwan bei Aphrodite vgl. Stephani Compte-rendu pour 1863 p. 38 ss. 62 ss.

4) Form und Herkunft ist nicht angegeben. Auch ist die Publication schwerlich ganz genau.

Athene mit Helm und Aegis, die Lanze über die rechte Schulter gelegt, steht im Profil nach rechts; mit der Linken hat sie ihr Gewand gefasst. Ihr zugekehrt steht ein Mädchen in Chiton und Peplos, mit breiter Binde im Haar und mit einem Armband am rechten Handgelenk. Sie hält mit der Linken einen Zweig, in der vorgestreckten rechten Hand eine Schale um sie der Athene zu reichen —, also vermutlich Hebe. Zwischen beiden Figuren befindet sich zur Ausfüllung des Raums ein Sumpfvogel. —

16. Amphora, vermutlich nolanischer Art, aus der Lipona'schen Sammlung in München. S. O. Jahn Beschreib. no. 229, woselbst die Hauptseite also beschrieben wird: 'Athene mit Helm und kleiner Aegis über dem Peplos, die lange Lanze in der Linken, streckt die Rechte gegen eine Frau aus, welche mit einer Stephane, den Peplos über dem feinen Aermelchiton, in der Linken eine Kanne, in der Rechten ihr eine Schale darreicht' —, vermutlich Hebe. —[1])

17. Lekythos nolanischer Art, abgeb. bei Millingen Vases Coghill pl. 28, 2 p. 29 s. Élite céram. I, 31 p. 77 s. —

Ein Mädchen — Hebe — in doppeltem Gewand mit Blättern und einer Bandschleife im Haar, steht nach rechtshin gewendet, um mit erhobener rechter Hand aus einer Oenochoe die Schale zu füllen, welche die ihr gegenüberstehende Frau in der Rechten hält. Diese — Hera — steht en face und hat den Kopf der Hebe zugekehrt; sie ist mit Chiton und Peplos bekleidet, mit zackigem Stephanos geschmückt und hält in der Linken das Scepter[2]).

18. Schlanke Amphora nolanischer Art; eine vermutlich im römischen Kunsthandel davon genommene, ältere Zeichnung befindet sich in dem Apparat des archäologischen Instituts.

Auf der einen Seite steht eine Frau in feinem Chiton und Peplos, mit Haube auf dem Kopfe, ein Scepter in der Linken — Hera —, neben einem Stuhle und kehrt sich um, indem sie die rechte Hand ausstreckt um die volle Schale zu erfassen, welche ein auf der anderen Seite der Vase befindliches Mädchen — Hebe — herbei

[1]) Es ist wol möglich, dass auch auf der Vase bei Gerhard Auserlesne Vasenb. IV, 245 Hebe gemeint sei, obwol sie nur die Oenochoe hält und weder selbst noch auch Athene eine Schale hat. Es ist dies um so mehr denkbar als die beiden Figuren auf die beiden Seiten der Amphora vertheilt sind.

[2]) Millingen bezeichnet dieses Vasenbild als 'Divinité recevant une libation.'

trägt. Diese ist mit Chiton und weitem Peplos bekleidet; ihr Haar ist mit Bändern zusammengehalten. Im Feld sinnlose Buchstaben.

19. Nolanische Amphora abgeb. bei Gerhard Antike Bildwerke Tafel 47. Vgl. Prodromus S. 294. Müller Hdb. S. 683. —

Auf der einen Seite dieses sehr schönen Gefässes ist Herakles dargestellt. Er ist bärtig, mit Chiton und Löwenfell, das über den Kopf gezogen ist, versehen, ferner mit Köcher und Bogen an der Seite und der Keule in der Linken. Er steht im Profil nach rechts hin gewendet und streckt mit der Rechten den Kantharos vor. Auf der anderen Seite, aber ebenfalls nach rechts profiliert, erscheint ein schreitendes Mädchen mit Chiton Peplos und Stephanos versehen; sie hat beide Hände vorgestreckt und hält in der rechten die Oenochoe. Es ist Hebe, welche dem Herakles entgegeneilt um ihm einzugiessen. Die verkehrte Richtung des Bildes kommt für die Deutung nicht in Betracht[1])

20. Krater, aus der Lipona'schen Sammlung, also unteritalisch, in München; von schönem Stil. S. O. Jahn Beschreib. no. 299. —

Auf der einen Seite befindet sich eine Triptolemosdarstellung; die andere wird von Jahn beschrieben wie folgt: 'Eine jugendliche Frau mit langem gestickten Chiton und Mantel, eine Stephane im langen Haar, in der Linken eine Kanne, hält in der Rechten eine Schale einem bärtigen Manne entgegen, der in langem Chiton und Mantel, eine Binde im Haar, auf einem Stuhl ohne Lehne sitzt und mit der Rechten ein Scepter aufstützt'. — Vermutlich Hebe und Zeus. Vgl. oben no. 11. 12.

21. Amphora mit Voluten, aus Ceglie; früher in der Koller'schen Sammlung, jetzt im kgl. Museum zu Berlin. Abgeb. bei Gerhard Apulische Vasenb. Tafel 15. Vgl. ebd. S. 23—28. Roulez Mélanges IV p. 384. O. Jahn Annali d. I. 1857 p. 133 ss. —

Die Hauptseite dieser berühmten Vase zeigt unter den erhaltenen Monumenten die reichste Darstellung der Hochzeit des Herakles und der Hebe. Sie zerfällt in zwei Reihen. In der oberen bildet den Mittelpunkt das Brautpaar selbst. Auf zierlich gearbeitetem langem Ruhebette sitzt Hebe, in schönem Gewande und reichem Schmuck. Neben ihr steht Herakles; und auch der vielgeprüfte Held

---

1) Vgl. Gerhard Auserlesene Vasenb. IV S. 13, 8.

hat an diesem seinem Ehrentage einen gestickten Mantel umgeschlagen; er stützt sich auf die Keule, die Genossin seiner Thaten und seines Ruhmes, die ihn auch im Olymp nicht verlässt. Ueber den Köpfen von Herakles und Hebe flattert Eros, **ΕΡΩΣ**, und hat beide Arme ausgebreitet, wie um das Paar zu vereinigen. Herakles hat sich zur Seite gekehrt in ernstem Gespräch mit Zeus und Hera, denen bei dieser Feier die erste Stelle zukömmt[1]. Auch die Braut, in deren Haltung Bescheidenheit und Sittsamkeit sich auf das anmutigste ausspricht[2], hat sich vom Bräutigam weg zur Seite gekehrt, wo drei Göttinnen der Liebe für sie thätig sind. Eine schön geschmückte verschleierte Frau — Charis, die Liebeshuld —[3], will ihr eben einen metallenen Reif auf die Stirne drücken. Ihre Genossin — Peitho, die allmächtige Göttin des überredenden Wortes —, breitet mit der einen Hand ein gesticktes Tuch über die Polster des Lagers, während sie in der Linken eine Schale erhebt[4]. Dann folgt Aphrodite, [*ἀ*]**ΦΡΟΔ**[*ίτη*], sitzend. Auf ihrem Schoos steht Himeros, [*ἵμε*]**ΡΟΣ**, die Liebessehnsucht; er hält einen Blätterzweig in den Händen und ist im Gespräche mit seiner Mutter wie um sie zu fragen, ob auch er zur Braut hinflattern solle, sie zu schmücken und ihr Herz zu erregen. — Bei einem Freudenfest darf Dionysos nicht fehlen. Auf dem unteren Streifen des Bildes sehen wir den jugendlichen Gott wie er seine Biga von sprengenden Panthern zügelnd, den Thyrsos in der Hand, triumphierend heranfährt. Ihm voraus eilt die Freude, Euthymia, **ΕΥΘΥΜΙΗ**, mit Tamburella und geschwungener Fackel in den Händen. Auf die Freuden des Mahles deutet auch die auf einem Untersatz zwischen Kantharen aufgestellte Amphora. Aber nicht ein bakchisches Gelage soll beginnen, sondern eine ernstere Feier. Darum legt Eunomia, **ΕΥΝΟΜΙΗ**, die 'gute

---

1) Diese beiden Figuren sind ergänzt, die des Zeus mit Benutzung erhaltener Spuren; aber sie sind mit Recht an dieser Stelle vorausgesetzt. Doch scheint Raum und Symmetrie hier drei Figuren zu verlangen und ich glaube dass daselbst ursprünglich neben Zeus und Hera auch Athene vorhanden war.

2) Es ist dies als Hauptperson des Bildes die am sorgfältigsten ausgeführte Figur, und sie kann nach Gedanke und Empfindung vollendet, in der Zeichnung fast vollendet schön genannt werden.

3) Plutarch. erot. 5 p. 751 D *χάρις γὰρ οὖν ἡ τοῦ ϑήλεος ὕπειξις τῷ ἄρρενι κέκληται πρὸς τῶν παλαιῶν*. O. Jahn Peitho S. 11. 13.

4) Vgl. Welcker Alte Denkm. III S. 331.

Sitte aus einer Schale Weihrauchkörner in das vor ihr stehende Thymiaterion[1]) und ihr gesellt sind die ernsten Hochzeitsgötter Apollon mit dem Lorbeerstab und seine Schwester Artemis, ΑΡΤΕΜΙΣ. Sie hält in jeder Hand eine Fackel und nähert die eine dem Thymiaterion um den Weihrauch zu entzünden.

22. Hydria, aus Ceglie, im kgl. Museum zu Berlin, abgeb. bei Gerhard Apul. Vasenb. Taf. 14. Vgl. ebd. S. 21—24. Berlins Antike Bildwerke n. 1024. —

Ich vermute, dass auch dieses Vasenbild von feinster Technik, welches Gerhard auf Herakles und Omphale bezieht[2]), vielmehr auf unseren Gegenstand zu deuten sei. Wir unterscheiden leicht eine Hauptgruppe von drei Figuren, welche von allen Seiten mit anmutigen Gestalten umgeben ist. Herakles jugendlich dargestellt, durch Löwenfell und Keule kenntlich, ist vor eine auf prächtigem Sessel thronende, stolze, reich geschmückte Frau hingetreten, welche durch das Scepter als Königin bezeichnet ist. Sie wendet das Haupt zurück und, indem sie mit der rechten Hand den Schleier zierlich gefasst hält, mit der linken aber auf den Helden hindeutet, ist sie offenbar eben über ihn in lebhaftem Gespräch mit dem Mädchen begriffen, welches hinter ihr steht. Diese, ebenfalls reich geschmückt, hat in schüchtern anmutiger Stellung die linke Hand auf die Sessellehne gelegt, während sie die nach aussen gebogene rechte mit dem Handgelenk in die Seite stützt. Es ist Hebe, welcher ihre Mutter Hera den kühnen, fast trotzig dastehenden Helden zeigt und anempfiehlt, dem sie künftig angehören soll. Die Liebesgöttin ist dem Bunde günstig: mit der linken Hand das Obergewand über der Schulter erfassend, in der rechten den Fächer, gewahren wir in einer

---

[1]) Ueber das Thymiaterion vgl. Stephani Compte-rendu pour 1860 p. 30 s.

[2]) Er erklärt die Frau auf dem Sessel für Omphale, welche die Vermälung mit Herakles begehre, die Figur, welche hinter ihr steht für Aphrodite; den Knaben für den von Herakles und Kleolae gezeugten Kleolaos, oder besser für Tyrrhenos; die von mir als Artemis bezeichnete Figur für einen Jüngling in asiatischer Tracht, von dem Omphale etwa die Abstammung des Herakles erfahre. Die Frau mit dem Schwan nennt Gerhard Hedone, die niedergekauerte eine Gefährtin der Aphrodite, die drei übrigen Frauen Grazien. Als Gegenstand des ganzen Bildes setzt er die Hochzeit des Herakles mit der Omphale voraus; fügt jedoch hinzu dass es sich auch ebensowohl auf den Abschied des Herakles von Omphale beziehen könne.

oberen Reihe, über Hebe, die reichgeschmückte Aphrodite, welche nach Herakles hinschaut. Eros mit Tänie und Schale ist bereits zu diesem herangeflogen; er wendet sich nach der Göttin zurück, die ihn entsandt hat, und diese, als ob der eine Liebesbote noch nicht genüge, hat schon auch die Taube mit der Tänie ihm nachgeschickt. Aphroditen gegenüber sitzt eine Muse, auf mit Schwanenhals geziertem Barbiton musicierend. Unterhalb des Herakles steht die Hochzeitsgöttin Artemis, in der Tracht der Amazonen wie oft auf Vasenbildern des selben Stiles. Die übrigen Nebenfiguren lassen sich fast alle leicht als dem aphrodisischen Kreise angehörig erkennen. So die beiden Frauen in der untersten Reihe, deren eine einen Schwan füttert, also wol Peitho[1]), während die andere ein Schmuckkästchen öffnet. Hinter Hebe endlich steht ein Knabe mit seinem Spielzeug, dem Schubkarren in der Hand. Vor ihm hat sich eine Frau niedergekauert um ihn mit einem Bande im Haar zu schmücken. Der Knabe, der im Olymp seine Spiele treibt, kann nur Ganymedes sein[2]); die Frau könnte etwa eine der Chariten sein. Dabei scheint mir der Gedanke wenigstens nicht eben fern zu liegen, dass Ganymed, der eben noch spielt und selbst zum Spielzeug dient, nun bald, wenn Hebe dem Herakles zu Theil geworden, als Mundschenk der Götter wird gleichsam in Amt und Würden treten müssen. — Dass aber in dieser Darstellung vorzugsweise Frauengestalten verwendet sind, kann bei einem Vasenbilde dieses Stiles so wenig auffallen als der Umstand, dass sich für einige dieser Frauen keine sichere Benennung vorschlagen lässt. —

23. Amphora mit Voluten, aus Ruvo im Museo nazionale zu Neapel, abgeb. Mon. d. I. II, 30. Vgl. Braun Annali 1836 p. 102 ss. 106—108. O. Jahn Einleitung S. XLII, 244.

Eine auf die Hochzeit des Herakles und der Hebe bezügliche Darstellung setzt Braun auf der vielfach fragmentierten oberen Reihe dieser berühmten apulischen Vase voraus, deren Hauptbild durch Amazonenkämpfe eingenommen ist. Hiernach fährt Herakles mit Athenen auf der von Hermes geleiteten Quadriga in den Olymp ein. Ihnen zunächst sitzt die Braut, Hebe. Dann folgt Nike, welche mit

---

1) Ueber Peitho mit Schwan vgl. Stephani Compte-rendu pour 1863 p. 68. 72 s.

2) Vgl. Apollon. Rhod. III, 115 ss. Élite céram. I, 18.

Lorbeerreis und Kranz den Ankömmlingen entgegeneilt[1]). Diese Mittelscene ist jederseits von anderen Götterfiguren umgeben. Rechts sitzt Zeus mit Scepter und Blitz; ihm zur Seite befinden sich die Hochzeitsgötter Artemis und Apoll. Ihnen entsprechen am anderen Ende des Bildes Poseidon, Aphrodite mit Eros, und endlich Pan[2]). Es ist klar, wie schön und fein diese Deutung E. Braun's im Zusammenhange verwandter Darstellungen ist. Aber der traurige Zustand gerade dieses Theiles des Monumentes gestattet weder im Ganzen noch im Einzelnen völlige Sicherheit[3]).

24. Eimerförmiges Gefäss, aus Ruvo, abgeb. bei Minervini Monumenti Barone tav. 18 p. 81—85. —

Die eine Seite dieses Gefässes stellt nach Minervini's, wie mir scheint im Ganzen richtiger Deutung ebenfalls die Vermälung des Herakles mit Hebe dar. Diese steht reich bekleidet, geschmückt und verschleiert dem jugendlichen Helden gegenüber, welcher sich auf das Löwenfell niedergesetzt hat. Er trägt eine Binde im Haar und ist mit Bogen und Köcher bewaffnet; die Keule steht ihm zur Seite. Auf der Seite der Hebe ist Pan mit einem Zweige Canna und mit der Syrinx sichtlich; auf der des Herakles Hermes. Er ist mit Chlamys und Stiefeln bekleidet; der Petasus hängt ihm auf dem Rücken. Den Caduceus hat er mit der linken Hand auf den Boden gestützt, während er mit der rechten nach Hebe hinzeigt. Oberhalb erschei-

---

1) Vgl. das Vasenbild bei Roulez Mélanges IV p. 573 = Gerhard Auserl. Vasenb. II, 143.

2) E. Braun sucht darin eine Beziehung auf den Oeta. Pan ist auch auf der ähnlichen Scene des folgenden Gefässbildes no. 24 gegenwärtig, und hat vermutlich in diesen Vorstellungen erotische Bedeutung. Vgl. Stephani Bulletin de l'acad. de S. Pétersbourg XII p. 289. Welcker Alte Denkmäler III S. 63 f.

3) In Betreff des Umstandes, dass neben Athene keine Spur des Herakles erhalten ist, äussert sich Braun selbst, wie folgt: 'Gli è vero che rimane stretto lo spazio per un altro compagno sulla quadriga sormontata da Minerva: ma bisogna avvertire, che secondo l'osservazione del sig. cav. Wagner...... cotale spazio benchè angusto pure è sufficiente per dar posto ad altra figura, e v' è da osservare ancora che, almeno fra i vasi vulcenti, Ercole in analoghe composizioni comparisce soventi volte al di là dei cavalli, senza essere peranche montato sulla quadriga. Si disponga la cosa come si voglia, sempre la presenza di Minerva richiama per compagno un eroe, cui essa ha da guidare, nè si potrebbe altrimenti spiegare la presenza di questa divinità medesima, nè la figura di donzella, la quale tanto bene si acconcia colla spiegazione che n'abbiamo proposta, vale a dire che sia Ebe.'

nen Aphrodite mit Myrtenkranz und Schale, umgeben von Eros, der eine breite Tänie in Händen hat, und einer Taube, die gleichfalls ein Band trägt; rechts davon Athene mit Aegis Schild und Lanze, den Helm in der Hand. Die Besonderheit, dass, während Hermes keine Fussflügel hat, solche an den Stiefeln des Herakles angebracht sind, erklärt Minervini durch die Voraussetzung, dass Hermes ihm, um ihn in den Olymp heraufzubringen, seine eignen Fussflügel geliehen habe —, wie ein andermal dem Perseus, und in der That könnte man die Bewegung des Herakles so auffassen, dass er im Begriff sei nun da er glücklich angekommen, diese Flügel wieder zu lösen. Doch fehlt es nicht an Beispielen ähnlicher Versehen der Künstler selbst und überdies liegt hier der Verdacht unrichtiger Restauration so ungemein nahe, dass es sicherer sein wird vor erneuter Prüfung des Originals auf die Erklärung dieser wie jeder anderen Einzelheit zu verzichten.

25. Krater, aus Ausgrabungen bei Kertsch, jetzt in S. Petersburg; abgeb. Compte-rendu de la commission arch. pour 1861 Atlas Taf. 3. 4. Vgl. Text p. 33 ff. (Stephani). 1860 p. VI. Zwei Figuren daher sind verkleinert wiederholt auf unserer Tafel V, 3.

Auf der Vorderseite ist eine Darstellung des Parisurteils. Hinter der thronenden Hera, HPA, steht, sich auf ihre Schulter lehnend Hebe, durch die Inschrift HBH bezeichnet. Sie ist mit feinem ärmellosen Chiton, der durch Gürtel und Kreuzbänder zusammengehalten wird, und mit Sandalen bekleidet, ausserdem mit Armspange, Halsband, Ohrgehänge und Stephane geschmückt. —

26. Hydria aus Ruvo, im Museum zu Karlsruhe; abgeb. bei Gerhard Apul. Vasenb. Taf. D, 2 S. 33. Overbeck Gall. heroischer Bildw. Taf. XI, 2. S. 233—236. Vgl. Welcker Annali d. I. 1845 p. 172—178. Stephani a. O. —

Dieses oft besprochene Vasenbild stimmt mit dem vorigen in allem Wesentlichen so vollständig überein, dass dadurch auch die Deutung der vielgedeuteten diesmal sitzend hinter der stehenden Hera dargestellten und als ΚΛΥΜΕΝΗ bezeichneten Figur als Hebe klar wird. Auch ist für sie dieser Beiname leicht verständlich[1]. Sie

---

[1]) Aehnlich wie Hephästos als *Δαίδαλος*, Argos als *Πανόπτης*, Nereus als *ἅλιος γέρων* bezeichnet werden. Vgl. O. Jahn Einleitung p. CXVI f. Ueber den Namen Klymene vgl. Welcker a. O. Stephani a. O.

ist mit langem ärmellosen dünnen und gestickten Chiton bekleidet und überdies mit Halsband Ohrgehänge Stephane und Armspange versehen. —

27. Krater, aus Ruvo, in der Jatta'schen Sammlung daselbst; abgeb. Monumenti d. I. II, 59. Élite céram. III, 101. Vgl. R. Schöne Annali 1865 p. 150. 157—159.

Auf dieser reichen Darstellung der Tödtung des Argos erscheint unter den Zuschauern neben Hera, auf deren Schulter sie ihre Hand legt, eine weibliche Figur, vermutlich Hebe[1]). Sie ist mit reichgesticktem ärmellosen Chiton bekleidet, welcher durch einen Gürtel zusammengehalten wird, und mit Perlenhalsband, Ohrgehänge und Stephane geschmückt.

28. Oenochoe, apulischer Herkunft, in der Blacas'schen Sammlung; abgeb. bei Panofka Musée Blacas pl. 26. Vgl. ebd. p. 78—81. Wieseler Theatergeb. Taf. A. no. 26 S. 112. O. Jahn Arch. Aufsätze S. 122, 82.

Die Vorstellung ist nach Art der Komödienscenen. Ein Mann mit komischer Maske, in kurzem gegürtetem Chiton, auch mit Aermeln und Hose bekleidet, mit vorgebundenem Phallus, ist durch Löwenfell auf dem Kopf und die Keule in der erhobenen rechten Hand deutlich als Herakles bezeichnet. Er läuft mit einem Kuchen in der linken Hand auf ein Mädchen zu, welche, die Oenochoe in der erhobenen Rechten — also vermutlich Hebe —, davon flieht, indem sie sich nach ihm zurückwendet. Im Felde ein Fenster, ein Ball und einige undeutliche Gegenstände. Es scheint dass Herakles seiner Braut den Kuchen darbringen wollte[2]) und diese vor seiner Erscheinung entsetzt und erschreckt davon läuft. Es liegt hier also vermutlich eine Parodie der Scene der ersten Begegnung des Herakles und der Hebe vor, wie wir diese in ernster Auffassung bereits aus einem Vasenbilde (no. 19) haben kennen lernen und weiter unten in einem Relief wiederfinden werden[3]). Die Figur der Hebe ist

---

[1]) Vgl. das mit Inschriften bezeichnete Vasenbild no. 25.

[2]) Vgl. Athen. XIV p. 646 A. Panofka a. O. S. 78.

[3]) Ich halte demnach Panofka's Deutung, was die Bedeutung der weiblichen Figur angeht, für wahrscheinlich; die Einzelheiten seiner Erklärung zu widerlegen ist zum Glück nicht mehr nötig. — Auch scheint es mir nicht notwendig dass solche Scenen stets direkt der Komödie entlehnt sind, so nahe es

nicht karrikiert; sie trägt Chiton Peplos Haube und Schuhe, und ist mit Halsband Ohrgehänge und Armband geschmückt[1]).

Graffiti.

1. Spiegel, früher im Besitz des Prinzen von Canino; abgeb. Mon. inéd. de la section franc. de l'Institut arch. 1837 pl. 12, 2. Gerhard Etrusk. Spiegel Tafel 146. Vgl. ebd. III S. 138. De Witte Description d'une collection de vases etc. trouvés en Etrurie (Paris 1837) I p. 129 no. 290. Nouvelles Annales I p. 551—554[2]). —

Minerva, nach etruskischem Kunstgebrauch beflügelt, langbekleidet, mit Aegis sammt Gorgoneion versehen, beschuht und statt des Helms mit Stephane geschmückt schreitet linkshin. Sie hält in der erhobenen rechten Hand eine Blume; den Kopf hat sie zurückgewendet nach einem Mädchen, welches sie führt, indem sie es mit der Linken am Handgelenk gefasst hält. Schon diese Art des Führens erinnert an hieratische Marmorwerke. Ebenso die Tracht dieser zweiten Figur. Sie trägt über dem Chiton einen nicht sehr lange herabfallenden Ueberwurf, welcher mit breitem Saum vor der rechten Schulter quer über die Brust unter die linke Achselhöhle führt, so dass die linke Schulter und der nächste Theil der Brust davon frei bleibt[3]). Auch die Haube, welche nur die nächsten auf die Stirn fal-

---

auch liegt hier daran zu denken. — Wieseler setzt auf diesem Vasenbild die Darstellung voraus, wie 'eine neckische Hetäre oder sorgsame Hausverwalterin' dem Herakles in seiner Abwesenheit den Wein genommen habe und er sie nun bedrohe.

1) Die Thaliavasenbilder sind zusammengestellt bei Panofka Zeus und Aegina. Vgl. Élite céram. I, 16. 17. — Hier zu erwähnen ist endlich, auch dass Millin Peintures de vases I p. XI ein Vasenbild also anführt: 'Hébé nourrit d'ambrosie l'aigle de Jupiter' und dazu in der Note 'dans ma collection de gravures encore inédites.' Eine solche Darstellung würde auch auf einer apulischen Vase völlig ohne Analogie sein und man wird sich vor Prüfung der Abbildung, welche sich mit den übrigen Millin'schen Zeichnungen auf der kaiserl. Bibliothek zu Paris befinden wird, des Verdachtes nicht entschlagen können, dass hier eine Verwechslung, vielleicht mit einer den Thaliabildern entsprechenden Vorstellung, zu Grunde liege.

2) Nach Gerhard soll sich dieser Spiegel jetzt in dem Cab. d. méd. in Paris befinden, doch fehlt er im Verzeichniss bei Chabouillet.

3) Vgl. Michaelis Arch. Ztg. 1864 S. 437. Benndorf Arch. Anzeiger 1865 S. 72*. Gerhard Prodromus S. 205, 16. Beispiele finden sich fast auf jedem archaischen oder archaistischen Relief.

lenden Haare sehen lässt, während der ganze Hinterkopf bedeckt ist, entspricht griechischer Sitte. Uebrigens ist diese Figur noch mit Schuhen und mit Ohrgehänge versehen und hält mit der linken Hand ihr Gewand gefasst. Die von Gerhard vorgeschlagene Deutung auf Minerva als Brautführerin der Hebe ist ansprechend; und es scheint mir nicht unwahrscheinlich, dass diese Spiegelzeichnung eine Reminiscenz aus einer grösseren hieratischen Composition ist. —

2. Spiegel in der Sammlung des Principe Barberini, aus Palestrina; abgeb. bei Gerhard Etrusk. Spiegel Taf. 347. Vgl. ebd. IV S. 92f. —

Herkules, jugendlich, aber, da er als Sterblicher geboren, kleiner als die übrigen Figuren gebildet [1]), durch Löwenfell und Keule deutlich bezeichnet, steht vor dem thronenden Jupiter, den er zutraulich anfasst. Dieser ist bekränzt und unterwärts mit Gewand bekleidet; er hält in der linken Hand das Scepter, auf welchem ein Vogel — es ist wol ein Adler gemeint — als Bekrönung gebildet ist. Auf ihren Gemal gelehnt, steht die nun versöhnte Juno dabei. Es folgt eine jugendliche weibliche Gestalt [2]), welche den linken Arm im Gewand hält, während sie mit der rechten Hand eine Blume erhebt — Hebe. Ihr Blick ist nach Herakles gerichtet, welcher wiederum nach ihr hinblickt. — Bei einer Zeichnung von solcher Rohheit wie es die vorliegende ist, muss um so mehr hervorgehoben werden, dass in hübschem Gegensatz zu dem Hauptbilde — Herakles im Olymp —, der grosse Achelooskopf im unteren Feld auf die irdischen Mühen des Helden hindeutet. —

Es würde nicht schwer sein, noch eine ganze Reihe von Spiegelzeichnungen vermutungsweise und vielleicht öfter nicht ohne Schein auf Hebe zu beziehen. Ich ziehe um so mehr vor dies zu unterlassen, weil sich auch im besten Falle darin nur neue Belege dafür finden würden, wie willkürlich das etruskische Kunsthandwerk Sagen und Gestalten der griechischen Mythologie und Kunst für seine Zwecke verwendet hat —, in ähnlicher Art wie sich dies für unseren Gegenstand aus dem folgenden, wie mir scheint, sicheren Beispiel ergiebt, welches hier anzuführen ist. Denn die grosse Masse

---

1) Vgl. Brunn Die philostratischen Bilder S. 215.

2) Dass diese Figur weiblich sei, scheint mir nicht wohl zu bezweifeln.

pränestinischer Cisten kann von der grossen Masse der etruskischen Spiegel nach Technik und Auffassung eben so wenig getrennt werden, wie die in Palestrina gefundenen Spiegel von den übrigen.

3. Pränestinische Ciste, im Musée Napoléon III zu Paris; abgeb. in den Mon. d. I. VI. VII tavv. 61—64. Vgl. Brunn Annali 1862 p. 5—22. —

Auf dem oberen Streif gewahren wir hier den Herakles inmitten einer zahlreichen Gesellschaft gelagert, deren Theilnehmer zumeist mit Zechen und Musicieren beschäftigt sind. Die Thyrsen und der Panther verleihen der Darstellung deutlich bakchischen Charakter; auch wird man geneigt sein in der männlichen Figur zur rechten, welche die Doppelflöte bläst, einen Satyr zu erkennen, obgleich weder er noch auch andere Figuren unzweideutig als solche bezeichnet sind. Dennoch kann es sich, wie Brunn bemerkt, hier nicht um ein einfaches Bakchanal handeln, an welchem Herakles an und für sich natürlich sehr wohl theilnehmen könnte. Er ist jugendlich dargestellt und die neben ihm gelagerte, am Oberkörper nackte, mit Kranz, Halsband und Armspange geschmückte Frau, welche er mit dem rechten Arme umfasst, hält in ihrer Hand einen Granatapfel, das bekannte Symbol der Hochzeit. So einleuchtend daher die Bemerkung ist, dass hier mit Wahrscheinlichkeit Hebe anerkannt werden müsse, eben so klar ist es andererseits, wie selbständig oder willkürlich der Verfertiger oder sein Vorbild hier die Hochzeit des Herakles und der Hebe mit der Vorstellung des Herakles im bakchischen Thiasos vermischt hat. —

Marmorwerke.

1. Relief des korinthischen Puteal im Besitz des Lord Guilford zu London. —

Auf diesem oft abgebildeten und viel besprochenen [1]) Denkmale

---

[1]) Dodwell Alcuni bassir. tav. 2—4. Class. tour II p. 201. Gerhard Antike Bildw. Taf. 14—16. Prodrom. S. 194 ff. Ueber die Zwölfgötter Taf. 3, 1. Annali d. I. 1830 tav. d'agg. F. Ebd. Panofka p. 145 ss. Welcker p. 328—332. Alte Denkm. II S. 27—35. Müller-Wieseler Denkm. a. K. I, 12, 42. S. 7 f. O. Jahn Arch. Aufs. S. 110—113. Overbeck Gesch. der griech. Plastik I S. 125. Für die Deutung vgl. Panofka a. O. Roulez Mélanges IV p. 383. Overbeck Arch. Ztg. 1856 S. 201 ff.

der im Dienst des Cultus stehenden Kunst, welches meist für echt archaisch gilt, sehen wir den Festzug dargestellt, in welchem Hebe dem in den Olymp eingegangenen Herakles zugeführt wird. Seine Schutzgöttin Athene schreitet ihm auch hier voran, während Alkmene, die um ihres gewaltigen Sohnes willen himmlischer Ehren theilhaftig wird, ihm nachfolgt. Auf diese drei kommt der festliche Zug zugeschritten, voran die Hochzeitsgötter, Apoll, leierspielend, und Artemis, dann die Mutter der Braut Hera. Es folgt der Herold der Götter Hermes, und endlich von Aphrodite und Peitho geführt und geleitet Hebe selbst. — Die Oberfläche hat zum Theil sehr gelitten; Hera führte wol ursprünglich ein Scepter, Hermes das Kerykeion. — Es ist dies Relief mit der früher erwähnten Notiz von der Darstellung an einem silbernen Altar im Heratempel bei Mykenä[1]) ebenso zu vergleichen, wie das archaistische Relief der capitolinischen Basis[2]), welches die feierliche Einführung des Herakles in den Olymp vorstellt, mit den ähnlichen Darstellungen an Altar[3]) und Thron zu Amyklä[4]).

2. Relief, früher im Museo Borgia zu Velletri, jetzt im Museo nazionale in Neapel. Abgeb. bei Guattani Mon. ant. ined. 1787 p. XLVII Giugno tav. 2. Museo Borbon. XIII, 51, nach Guattani wiederholt in der Archäol. Ztg. 1862 Taf. 143, 3. Vgl. Heeren (Brief aus dem Jahr 1820) in Böttiger's Amalthea I S. 317. Mus. Borb. XIII, 51 p. 1—4. Visconti Mus. Pio-Clem. V p. 177. Welcker Alte Denkm. I S. 453. E. Curtius Archäol. Ztg. 1862 S. 281 ff. E. Pe-

---

[1]) Pausan. II, 17, 6 ... *βωμὸς ἔχων ἐπειργασμένον τὸν λεγόμενον Ἥβης καὶ Ἡρακλέους γάμον· οὗτος μὲν ἀργύρου...*

[2]) Winckelmann Mon. ined. 5. Mus. Capit. IV, 22. Righetti Campid. I, 74. Gerhard Zwölfgötter Taf. 2, 1. S. Müller-Wieseler Denkm. a. K. II, 18, 197. S. 93—95. Welcker Alte Denkm. II S. 35 f. O. Jahn Arch. Aufs. S. 108 ff. Braun Ruinen und Museen S. 151—155. Beschreib. Roms III, 1. S. 174 f. Herakles erscheint hier von den mächtigsten Göttern gleichsam eingeholt und in festlichem Zuge in den Olymp eingeführt. Voran schreitet Zeus mit Hera; es folgt Athene mit ihrem Schützling Herakles; dann Apoll und Artemis, Ares und Aphrodite. Diesem Zuge entgegen schreiten die im Olymp zurückgebliebenen Gottheiten. Voran Hephäst; dann Poseidon, Hermes und diesem vereint zuletzt Hestia, die sich am schwersten von der Stelle rührt.

[3]) Pausan. III, 19, 5 *πεποίηται δὲ ἐπὶ τοῦ βωμοῦ καὶ Ἡρακλῆς ὑπὸ Ἀθηνᾶς καὶ θεῶν τῶν ἄλλων καὶ οὗτος ἀγόμενος ἐς οὐρανόν.*

[4]) Pausan. III, 18, 11 .... *Ἀθηνᾶ δὲ ἄγουσα Ἡρακλέα συνοικήσοντα ἀπὸ τούτου θεοῖς.*

tersen ebd. 1863 S. 32. — Die Abbildung auf unserer Tafel IV, 1 ist nach einer Zeichnung von Dr. R. Schöne[1]. —

Herakles, jugendlich gebildet, sitzt auf steinernen Stufen, welche den Palast der Olympier andeuten. Er hat die Chlamys um den linken Arm geschlagen und hält mit der linken Hand die Keule, in der vorgestreckten rechten den Kantharos. Ihm naht, um ihm den Trank der Unsterblichkeit zu spenden, Hebe, verschleiert, in langem attischen Chiton mit Ueberschlag. Sie hat mit der linken Hand den Schleier erfasst, in der gesenkten rechten die Oenochoe. Die Platte ist auf der linken Seite durchschnitten, daher auch ebenda die Einrahmung fehlt. Die Analogie der folgenden Reliefdarstellungen lehrt, dass auf dieser Seite ursprünglich noch eine Figur war, und zwar diejenige des Weihenden in kleineren Proportionen. Auf den Stufen steht die Inschrift[2])

ΚΡΑΤΕΣΙΕΡΟΕ
ΟΣΙΟ

also *Κράτης Ἱεροῦ* ..... Für den Rest weiss ich keine sichere Re-

[1]) Ueber Material und Arbeit schrieb mir derselbe wie folgt: 'Der Marmor scheint mir ein nicht allzustark körniger griechischer zu sein, von der Art welche durch die Zeit eine nicht unangenehme griesliche Oberfläche erhält. Das ganze Relief ist nicht mehr sehr bestimmt. In der Nähe betrachtet verschwimmen die Formen. Die Arbeit ist von guter Hand, nicht allzusorgfältig, aber überall voll Empfindung. Die Figur der Hebe ist im Ganzen besser als die des Herakles, auch in der Anlage. Die Art der Reliefenerhebung ist ziemlich streng; es ist diejenige welche gewöhnlich als die eigentlich griechische bezeichnet wird.' — Die Platte misst 0,52 M. in der Breite, 0,42 in der Höhe; die Figur der Hebe ist 0,365 hoch. Die früheren Publicationen sind ungenau.

[2]) Guattani hatte gelesen

ΡΑΤΕΙΕΡΟC
ΡΕF

E. Curtius glaubte

ΚΡΑΤΕΣΙΠΟΣ
ΕΠΟΙΗΣΕ

erkannt zu haben, dagegen E. Petersen

ΚΡΑΤΕΣΙΕΡΟ
ΟΣΙΟ

las und

Κράτης Ἱέρω[ν
ος τῷ [Ἡρακλεῖ

ergänzte. Bei erneuter Untersuchung des Originals fanden Benndorf und Schöne die Lesart Petersens vollständig richtig; nur bemerken sie, dass der dritte Buchstab der zweiten Reihe kein *T* sein könne, sondern deutlich *I* sei. Auch glaubten beide übereinstimmend in der ersten Reihe hinter *O* noch deutlich *E* zu erkennen.

stitution vorzuschlagen[1]). In dem freien Raum zwischen dem linken Arm der Hebe und dem Kopfe des Herakles sind in drei Reihen übereinander die auf unserer Abbildung wiedergegebenen Buchstaben eingekritzt, von welchen nur noch *καλός* verständlich ist[2]). Nach dem in der Hauptinschrift angewendeten Alphabet fällt das Relief zwischen Ol. 86, 1 und Ol. 94, 2.

3. Reliefplatte von schönem Stil, aus Gortyna auf Kreta, jetzt im Louvre. Abgeb. Monumenti d. I. IV, 22 A. Lebas Expéd. scient. Mon. fig. 124. Archäol. Ztg. 1852 Taf. 38. Vgl. E. Curtius ebd. S. 417—420. Lebas Annali d. I. 1845 p. 234. Bursian Griech. Kunstgeschichte (aus Ersch und Gruber) S. 455, 81.

Zur Linken sitzt Zeus, nach Typus und Haltung nicht verkennbar. In der hocherhobenen Linken hält er das Scepter, in der Rechten ist noch die Schale kenntlich. Diese zu füllen bereit, steht neben Zeus eine jugendliche Frau. Sie ist mit ärmellosem Chiton und darübergeschlagenem Peplos, auf dem Kopfe mit einem Schleier, bekleidet. Den linken vom Peplos verhüllten Arm hat sie in die Seite gestemmt; mit dem rechten, vom Gewand freien, hält sie die Oenochoe. Es scheint mir das natürlichste, in dieser Figur, neben Zeus, Hebe zu erkennen; dagegen ich für den Jüngling daneben, welcher dem Zeus zugewandt dasteht, keinen sicheren Namen weiss[3]). Er ist mit auf den Rücken lange herabfallender Chlamys bekleidet und hielt in der erhobenen Linken deutlich Scepter oder Speer. — Die Darstellung schliesst zur Rechten die adorierende kleiner gebildete Gestalt dessen ab, der das Relief weihte.

---

1) Geleitet von der Erwägung, dass das Relief sich am natürlichsten als Weihgeschenk eines Epheben auffassen lasse, schlägt Reifferscheid vor zu lesen

Κράτης Ἱεροῦ ἔ[φη
β]ος Ἰω[νιδῶν . . . . . .

Vgl. K. F. Hermann Griech. Staats-Altert. §. 123.

2) Aus den Zügen davor könnte man vielleicht versucht sein etwa ein verschriebenes *Ἡρακλῆς*, nemlich . . *ερακκ* . . . , herauszulesen.

3) Lebas deutet die Figuren auf Zeus, Europa und Atymnos; E. Curtius auf Zeus, Hygia und den jugendlichen Asklepios; Bursian auf Zeus, Hebe und Ares, dessen Speer gemalt gewesen sei, oder etwa Apollon. — Vermutlich ist das Attribut dieses Epheben, sei es Scepter oder Lanze, ebenso wie das Scepter, das Zeus mit der Linken aufstützte, im Original nicht mehr kenntlich und deshalb in der Zeichnung vernachlässigt.

4. Fragment eines ähnlichen Reliefs, vermutlich aus Attika; im britischen Museum no. 376, abgeb. Anc. Marbl. in the British Museum IX, 37, 2 p. 168.

Ueber dem zur Rechten sitzenden Zeus steht Hebe, mit Chiton und schleierartig über den Kopf gezogenem Obergewand bekleidet, welches sie mit der linken Hand gefasst hält. Mit der rechten Hand hatte sie die Oenochoe erhoben um die Schale zu füllen, welche Zeus in der rechten Hand hielt, während er die erhobene linke auf das Scepter gestützt hatte. Die Platte ist auf der linken Seite abgebrochen, woselbst ohne Zweifel die Figur des Weihenden in kleineren Proportionen adorierend dargestellt war[1]).

5. Relieffragment des schönsten Stils, aus Athen, in der Worsley'schen Sammlung; abgeb. bei Visconti Mus. Worsleiano tav. I. Vgl. ebd. p. 3—12. Mus. Pio-Clem. V p. 177.

Einigen kleiner gebildeten adorierenden Figuren gegenüber steht Zeus, in faltenreichem über die linke Schulter geworfenen Mantel, an den Füssen mit Sandalen bekleidet. Mit der linken Hand hat er das Gewand gefasst; die rechte hält die Schale. Hinter ihm steht Hebe; sie trägt den attischen, ärmellosen doppelt übergeschlagenen Chiton und Sandalen an den Füssen; auf dem Kopfe den Schleier, den sie mit der linken Hand gefasst hat, während die gesenkte rechte die Oenochoe hält[2]).

6. Relief, aus Griechenland, im Gabinetto delle maschere des vaticanischen Museums, no. 428 des Catalogs; abgeb. bei Millin Gal. myth. Visconti Mus. Pio-Clem. V, 26 p. 175. s. Pistolesi Il Vaticano descritto V, 63[3]).

---

[1]) Die Höhe dieser Reliefplatte misst 1 Fuss, 7 Zoll engl. — In der Erklärung zu Anc. Marbl. IX, 37, 2 p. 168 wird die Darstellung auf Zeus und Hera bezogen.

[2]) Visconti deutete die Figuren auf Zeus und eine friedliche Athene.

[3]) Die Publicationen sind nicht sehr genau, was durch die sehr ungünstige Aufstellung — das Relief ist hoch in der Wand eingemauert — veranlasst sein mag, welche es auch unmöglich machte eine neue Zeichnung davon zu geben; am besten noch bei Pistolesi. Die sitzende männliche Figur ist bärtig. — Das Relief ist aus pentelischem Marmor und misst 0,70 M. in der Breite, 0,52 in der Höhe; die Figur der Hebe ist 0,455 hoch. Die Platte war zweimal gebrochen, und ist mannigfach zerstossen, namentlich an dem Kopfe des Adorierenden. Modern ist die linke obere Ecke, ein Stück der oberen Leiste auf der rechten Seite, der

Auf einem Sessel, mit Fusschemel unter den Füssen, sitzt Zeus wie gewöhnlich drappiert, und hält in der vorgestreckten rechten Hand eine Schale, während die erhobene linke ein Scepter gefasst hatte. Auf ihn zu schreitet Hebe, ganz in der selben Art wie diejenige auf dem Relief mit Herakles, in attischem Gewand mit Ueberschlag, verschleiert, die erhobene Linke am Schleier, in der gesenkten Rechten die Oenochoe. Hinter ihr folgt die unbärtige Figur des Weihenden in kleinerer Proportion. In dem Kopfe des Zeus sah E. G. Visconti so grosse Aehnlichkeit mit Hadrian, dass er die ganze Vorstellung als eine Apotheosierung Hadrians fasste. Diese Aehnlichkeit finde ich in der That; aber sie scheint mir nicht schlagend genug um daraus weitere Folgerungen zu ziehen. Jedesfalls ist dieses Relief auch kunstgeschichtlich nicht ohne Bedeutung. In der Anordnung des Ganzen, in Tracht und Habitus der Figuren, in der strengen Beachtung der Gesetze des Reliefs stimmt es mit dem durch die Inschrift, und zwar zwischen Ol. 86, 1 und Ol. 94, 2, datierten, vermutlich ältesten der Reliefs dieser Reihe auf das vollständigste überein. Wenn sich nun in dem Mangel an Frische, in der Behandlung des Gewandes, welches in einzelnen Partie'n anklebt, als ob es etwas feucht wäre, und dessen Falten theilweise scharf und geschnitten erscheinen, und ferner wol auch in dem nach oben zurückgestrichenen Haar der Hebe, eine spätere Zeit verrät, so liefert dies Werk den deutlichen Beweis, wie spät diese ächt attische Weise des Vortrags noch Anwendung fand. Es würde ferner, wie mir scheint, auch im Zusammenhange der Kunstbestrebungen der hadrianischen Epoche, dennoch gerade für diese Art Monumente die Vermutung näher liegen, dass hier eine, lange Zeit ununterbrochen fortdauernde Anwendung des selben Vortrags für Gegenstände der nemlichen Art statt gefunden habe, als die Erklärung durch ein gewaltsames Zurückgreifen.

Noch bei einigen anderen Vorstellungen könnte man auf den ersten Blick wol versucht sein die Figur der Hebe in ähnlichen Scenen vorauszusetzen wie in den zuletzt angeführten. Doch werden hier ähnliche Kriterien gelten müssen, wie sie früher für eine Reihe

linke Arm des Zeus und das nächste Stück des Gewandes, das mittlere Stück des rechten Stuhlbeines, und endlich der Daumen der rechten Hand der Hebe.

von Vasenbildern angewendet wurden. Wenn z. B. auf einem griechischen fragmentierten Relief des Museums zu Leyden[1]) eine weibliche Figur mit Oenochoe in der gesenkten rechten Hand einem Krieger gegenübersteht, welcher in der vorgestreckten Rechten eine Schale hält, so wird hier mit Recht nicht an eine mythologische Vorstellung, wie etwa an Ares und Hebe[2]), sondern an eine irdische Scene gedacht werden müssen. Es ist ein in griechischem Sinn sehr schöner Gedanke, auf dem Grabmal eines im Kampfe Gefallenen die Scene vorzustellen, wie ein Krieger im Momente des Auszugs den Abschiedstrunk, etwa von seiner Gattin, empfängt. Es ist der selbe Gedanke, welcher, wie mir scheint, z. B. auch den griechischen Wandgemälden eines Grabs von Pästum zu Grund liegt[3]), und welcher sich ähnlich auch noch in mehreren Grabreliefs ausser dem bereits angeführten nachweisen lässt[4]). Dagegen sind noch einige Marmorwerke mit auf unseren Gegenstand bezüglichen Vorstellungen etwas anderer Art als die bisher zuletzt betrachteten, hier anzuführen.

6. Relief, ehemals in Villa Borghese, jetzt im Louvre; abgeb. bei Bouillon Musée des ant. III pl. 1, 1 p. 2 (der Basreliefs), Clarac pl. 200, 25 no. 232; nach Bouillon's Abbildung wiederholt auf unserer Tafel III, 2; die Ergänzungen sind daselbst nach dem Text bei Bouillon angegeben, um die für die Deutung nötige Grundlage klar anzuzeigen[5]).

---

[1]) Abgeb. bei Janssen Grafreliefs uit hed Museum te Leyden VII, 19 p. 25. Es ist aus pentelischem Marmor und stammt wahrscheinlich aus Attika.

[2]) Es ist überhaupt auffällig wie selten Ares und Hebe verbunden erscheinen. Die eine homerische Stelle ist früher erläutert worden. Sonst ist zu vergleichen wol nur der orphische Hymnus 88, 9 (an Ares)

κλῦθι, βροτῶν ἐπίκουρε, δοτὴρ εὐθαρσέος ἥβης.

[3]) Abgeb. Monumenti d. I. 1865 tav. 21.

[4]) Ein Krieger im Begriff die Spende am Altar auszubringen, wobei ihm eine Frau zur Hand geht, daneben eine kleine männliche adorierende Figur: Zanetti Delle statue antiche di Venezia I, 48. Eine mit dem Relief in Leyden analoge Darstellung bei Clarac pl. 150, 166 = Piranesi Musée Napoléon IV, 76 = Bouillon Musée des antiques III pl. 23 bis (der Reliefs). Der Krieger hielt daselbst in der rechten Hand ohne Zweifel eine Schale.

[5]) Im Text zu Bouillon heisst es: Ce bas-relief extrêmement mutilé a subi des restaurations considérables: dans le Jupiter, la tête, la partie supérieure du torse jusqu' au-dessous des pectoraux, le bras droit entier, la main gauche; dans la première déesse, la tête, les deux mains et l'avant bras gauche; dans la seconde

Es sind hier drei Figuren dargestellt, eine sitzende männliche, welche in Gewandung und Habitus an Zeus erinnert; er hielt mit der erhobenen rechten Hand ohne Zweifel ein Scepter gefasst. Es folgen zwei weibliche stehende Figuren, zunächst eine jugendliche, in dorischem auf der Seite offenem Gewand, welches den grösseren Theil des rechten Beines unbedeckt lässt; unter dem linken Fuss ist die Sandale sichtbar. Neben ihr steht, sich auf ihre Schulter aufstützend, eine andere Frau, in Chiton und weitem Peplos. Hinter Zeus steht ein Altar mit brennender Flamme. Für die dem Zeus zunächst stehende Figur wird im Text zu Clarac[1]) der Name Hera, für die folgende Demeter vorgeschlagen. Doch bedarf es keines besondern Beweises um zu zeigen, dass Hera in dem *χιτὼν σχιστός* undenkbar ist; und ferner müssen die drei für dieses Relief, das wir uns wol nur als *ἀνάθημα* denken können, gewählten Gottheiten doch notwendig in irgendwelchem besonderen Zusammenhang zu einander stehen. In dorischer Tracht erscheinen auf wirklich künstlerisch ausgeführten Monumenten — und auch auf den Vasenbildern mit sehr seltenen Ausnahmen —, nur jugendliche Göttinnen, vorzüglich Nike. An eine ungeflügelte Nike kann hier nicht gedacht werden. Dagegen ist früher schon darauf hingewiesen worden, wie das mythologische Bild der Hebe den dorischen Mädchen entspricht, welche nach der Sitte ihres Stammes als Mundschenkinnen dienen. Es scheint mir deshalb eine ebenso einfache und nahe liegende als schöne Vermutung O. Müller's, wenn er bemerkt, dass die bildende Kunst — es versteht sich von selbst, dass hiermit die bewusst verfahrende vollendete Kunst gemeint ist — die Göttin Hebe nach Art und Tracht eben solcher dorischen Jungfrauen dargestellt habe[2]). So ist mir sehr wahrscheinlich, dass hier in der jugendlichen Figur in der That Hebe zu erkennen sei. Sie hielt vermutlich in der gesenkten rechten Hand die Oenochoe, in der erhobenen linken die

---

la têté et une partie de la main droite sont des restaurations modernes. Der Marmor ist griechisch. Die Höhe ist 0,893; die Breite 1,408 M.

[1]) Livraison 5 p. 192 s.

[2]) K. O. Müller Hdb. S. 493, 1. Er verweist dabei noch auf die Bilder der Mundschenkin Kleino in Alexandria von welchen es bei Athen. X p. 425 f. heisst *Πολύβιος δὲ ἐν τῇ τεσσαρεσκαιδεκάτῃ τῶν ἱστοριῶν καὶ ἀνδριάντας αὐτῆς ἐν Ἀλεξανδρείᾳ ἑστάναι φησὶ κατὰ πολλὰ μέρη τῆς πόλεως μονοχίτωνας, ῥυτὸν κρατοῦντας ἐν ταῖς χερσίν.*

Schale. Die andere Göttin in matronaler Tracht, welche sich auf sie stützt, ist dann ihre Mutter Hera; und nach dieser Erklärung ist auch die Zusammenstellung der drei Gottheiten leicht verständlich[1]. — Wenn diese Auffassung richtig ist, so ergiebt sich dadurch zugleich das Verständniss des hienächst zu besprechenden interessanten Marmorwerks, welches für sich allein schwieriger zu verstehen wäre.

7. Torso einer kleinen Statue, im Museo Chiaramonti des Vaticans, no. 55 des Katalogs; abgeb. auf unserer Tafel III, 1.

Dieser Torso stimmt mit der Figur der Hebe auf dem zuletzt besprochenen Relief in Gewandung und Bewegung so vollständig überein, dass ich auch in ihm ein Bild der Hebe vermute, welche in der gesenkten rechten Hand die Oenochoe, in der erhobenen Linken die Schale hielt. Der Marmor ist pentelisch; die Arbeit von guter griechischer Hand. Die Höhe des Torso misst, ohne die moderne Basis 0,69 M.[2].

---

[1]) Auch auf dem bekannten Relief des Diadumenus Mus. Napol. I, 4. Bouillon I gegen Schluss. Clarac pl. 200, 26 no. 324. Visconti Opere varie IV, 1. Marmora Taurin. II, 21. Inghirami Gall. Omer. I, 29, womit die Vase Élite I, 85. (O. Jahn Arch. Aufs. S. 79) in gewisser Art verglichen werden kann, scheint mir der Gedanke an Hebe nicht ganz unmöglich.

[2]) Ich bemerke noch ausdrücklich, dass sich an den Schultern weder Löcher noch sonstige Spuren von Flügelansätzen finden. — Uebrigens ist auch auf Marmorwerken Hebe, häufig ohne hinreichenden Grund vorausgesetzt worden. Die s. g. farnesische Flora deutete Welcker auf Hebe, welche als solche mit dem farnesischen Herakles zusammen gestanden habe. S. Alte Denkm. I S. 452—454. Doch stimmt damit nicht die verschiedene Grösse der beiden Statuen, und es ist auch in der Figur selbst kein Anlass für diese Auffassung gegeben. Die vermeintliche Hebe auf dem Parthenonfries ist vielmehr Nike. S. Michaelis Nuove memorie d. I. p. 194 ss.; ebenso die einschenkende Frau auf dem Relief des ruhenden Herakles in Villa Albani. S. Stephani Der ausruhende Herakles S. 237 ff., und viele ähnliche früher ebenfalls auf Hebe bezogne Figuren. Die weibliche Figur neben Juno auf einem Relief im Palazzo Mattei ist nicht Hebe, sondern Roma. S. Reifferscheid Nuove Mem. d. I. p. 465. Ebenso wenig Grund ist Hebe auf dem capitolinischen Relief des Zeus inmitten der Götter (Millin G. M. 5, 19) zu erkennen (Hirt Götter und Heroen S. 4 no 24. Gerhard Auserl. Vasenb. I zu Taf. 7 Note 4), da sie daselbst durch nichts als solche bezeichnet ist. Darauf dass Winckelmann's Deutung eines schwierigen borghesischen Reliefs (Vgl. R. Rochette Mon. inéd. pl. 74 p. 401 ss. Der neueste verfehlte Erklärungsversuch ist wol von Guidobaldi Damia Bona Dea. Neapel 1865) auch die mythologische Möglichkeit fehle, ist schon oben gelegentlich hingewiesen worden. Die Deutung endlich des vaticanischen Reliefs bei Winckelmann Mon. ined. no. 16 (= Visconti Pio-Clem. V, 16 = Müller-Wieseler Denkm. d. a. K. II, 4, 53 vgl.

Terra-cotten.

Zugleich mit dem oben besprochenen Marmorrelief des Herakles und der Hebe, hat E. Curtius in Gerhards Archäol. Ztg. Denkm. und Forsch. 1862, 163 S. 283 ein Terracottenrelief bekannt gemacht und erläutert, welches sich in den Vereinigten Sammlungen zu München befindet. Wir sehen daselbst Hebe, welche dem Herakles die Schale zum Trunke darreicht. Sie hält diese mit den beiden vorgestreckten Händen. Herakles schlürft daraus mit vorgeneigtem Kopfe, indem er sich von seinem Sitze halb erhoben hat und mit der linken Hand aufstützt, während er sich mit der erhobenen Rechten oben an der Hintergrundfläche irgendwie festzuhalten scheint[1]). Der Oberkörper der Hebe ist zum grössten Theil nackt; das Gewand ist, wie es scheint, über dem Schooss zusammengeknüpft, ist dann über Rücken und linke Schulter geführt und fällt über den linken vorgestreckten Arm herab; ihr Kopf ist ohne Schmuck, mit ziemlich einfach zurückgestrichenem und hinten aufgebundenem welligem Haar. Herakles ist jugendlich gebildet, auf seinem Sitze ist das Löwenfell

---

Stephani Parerga 14) ist zu unsicher, um hier benutzt zu werden, und ebenso die der Bronzeplatte bei Müller-Wieseler I, 59, 299 a = Micali Ant. Mon. 29, 9; vgl. Schorn Katalog der Glyptothek no. 47. Panofka Annali d. I. 1830 p. 335. Ueber das Relief in Villa Albani bei Boissard Antiq. descriptio (1597) p. 85. Zoega Bassiril. p. 300 no 227. vgl. Annali d. I. 1866 zu Tav. d'agg. H. — Dagegen muss hier noch angeführt werden, dass eine bei dem Helikon gefundene Marmorbasis in Folge der Inschrift *Ἡ Ζηνὸς Διὶ τόνδε Πολύμνια νέκταρος ἀτμὸν*

πέμπω, τὴν ὁσίην πατρὶ τίνουσα χάριν,

wie Stephani bemerkt, vermutlich eine Statue der Hebe trug, welche hier mit dem Beinamen Polymnia bezeichnet ist. Vgl. über diese Inschrift Stephani Compte-rendu pour 1862 p. 41. — Endlich theilt mir Benndorf noch folgende Notiz mit: «In der Antikensammlung des Palazzo ducale zu Venedig befindet sich ein Relief von griechischem Marmor 0,54 hoch, 0,56 breit (publiciert von Valentinelli Catalogo del Museo Marciano 1863 tav. 28 p. 119 s.) welches, wenn es antik ist, nichts anderes darstellen kann als Herakles und Hebe. Der Kopf der weiblichen Figur ist restauriert, das ganze Relief ist unten gebrochen, Die Formen schienen mir so wenig klar und streng behandelt, dass ich an der Aechtheit zweifelte. Die hohe Aufstellung macht eine genaue Untersuchung unmöglich. Die Publication ist zu ungenügend um ein Urtheil zu gestatten.»

[1]) Curtius glaubte auf dem ihm vorliegenden Gipsabguss am oberen Rande den Umriss eines Bechers zu erkennen, so dass der Sinn der Handbewegung der sei, dass Herakles jetzt, nachdem er den Trank der Hebe gekostet, von den Genüssen, die er früher geliebt, nichts mehr wissen wolle.

sichtlich. E. Curtius bemerkt, dass in der Darstellung dieser Terracotta, so flüchtig sie auch geformt sei, doch Niemand, wie er glaube, die Nachbildung eines sehr schön gedachten und echt hellenischen Reliefs verkennen werde. In gewisser Beziehung wird diese Bemerkung wol zu Recht bestehen bleiben. Aber nach der genauen Prüfung des Originals welche Hr. Prof. Brunn auf meine Bitte anzustellen die Güte hatte, ist diese vorliegende Terracotta unzweifelhaft modern. Schon die Form des Gerätes ist sonderbar: ein offnes Kästchen, dessen eine Seite, an welcher aussen die Figuren sind, höher ist[1]); doch ist kein Boden unten, sondern statt dessen in halber Höhe eine horizontale Querwand, welche mit zwei Löchern durchbohrt ist, so dass Curtius daran dachte, es könne vielleicht zur Aufnahme von Kerzen gedient haben. Nach Brunn's Mittheilungen ist die Qualität des Thones mindestens verdächtig; der tartaro oder Schmuz, welcher den Schein des Antiken geben soll, sitzt ziemlich lose darauf. Es haben alle Kanten eine unangenehme unbestimmte Schärfe. Die Figuren sind mit einer Form gemacht, in welche der Thon schlecht und nachlässig eingedrückt wurde. Brunn bemerkt, dass dies mit Absicht so geschehen scheine, um die Oberfläche etwas gerissen erscheinen zu lassen und etwanige Schärfen, welche den modernen Ursprung sofort hätten verraten müssen, zu verdecken. Denn keine Form lasse sich klar im Detail erkennen; namentlich alle Extremitäten seien verschwommen; ebenso die Löwenhaut. Das leere Feld rechts und links und ebenso unter den Füssen scheine in eben derselben Absicht mit der Seitenfläche des Daumens übergangen; namentlich an der Kniekehle der Hebe und am hinteren Contour des Sitzes sei dies deutlich; ebenso sei die rechte Hand des Herakles überstrichen, um das Motiv undeutlich zu machen. Eine scheinbare Beschädigung auf dem Oberschenkel der Hebe ist ebenso absichtlich in den nassen Thon eingedrückt. Das Terrain unter den Füssen und besonders die unter dem Arm der Hebe herabhängenden Falten sind ohne jedes Stilgefühl behandelt. — Die Composition passt nicht in den Raum, welchen sie auf keine Weise ausfüllt. Die Motive der Figuren scheinen in der That wol antik zu sein und Brunn bemerkt, dass dasjenige der Figur des Herakles auf eine ursprünglich runde

---

[1]) Diese Seite misst im Quadrat 0,13 M.

Composition hinzudeuten scheine. Doch ist es mir nicht gelungen das Original ausfindig zu machen, von welchem die Motive von dem Verfertiger dieser modernen Terracotta herübergenommen sein mögen. — Terracotten nach Abbildungen, ohne genaue Prüfung des Originals zu behandeln wird Jedem misslich erscheinen welcher davon weiss, in welchem Umfange die Fälschung gerade dieses Artikels des Kunsthandels noch bis auf den heutigen Tag betrieben wird[1]. Deshalb möchte ich auch die beiden folgenden Terracottenfiguren, welche hier anzuführen sind, nur mit dem ausdrücklichen Vorbehalt benutzen, dass mir eine genaue Prüfung derselben zur Constatierung ihrer Echtheit sehr wünschenswert erscheint; und dies um so mehr, als die erste derselben im Arrangement des Gewandes etwas an die Hebefigur des Münchner Terracottenreliefs erinnert, die andere eine ungefähre Aehnlichkeit mit der Hebestatue von Thorwaldsen[2] hat, und sich überhaupt die neue und neueste Sculptur mit Vorliebe mit diesem Gegenstand beschäftigt.

1. Statuette 0,28 hoch[3], früher in der Sammlung Janzé, abgeb. Choix de terres cuit. du cab. Janzé pl. 22, p. 7; in kleinerem Massstab wiederholt auf unserer Tafel IV, 2.

Hèbe, stehend, oder vielmehr wie es fast scheint herabschreitend gedacht, hat mit der rechten Hand die Oenochoe gefasst, um von oben herab in die Schale zu giessen, welche sie in der linken hält. Der rechte Fuss steht auf einer kleinen Erhöhung; das Gewand bedeckt das rechte Bein, ist über den Rücken hinaufgeführt und fällt von der linken Schulter derart herab, dass von vorn gesehen Oberkörper und linkes Bein unbedeckt bleibt. Die Haare fallen lang herab auf die Schultern. Das ganze Motiv und namentlich auch die Behandlung des Gewandes ist nicht lobenswert, und, wie mir scheint, wenig antik. Die Oberfläche der ganzen Figur scheint sehr verstossen.

2. Statuette etwa 16 Centimeter hoch, früher im Cabinet Du-

---

[1] Es ist noch nicht sehr lange her, dass ein Pariser Kunsthändler in Rom gegen siebenzig Stück gefälschter Terracotten bei einem einzigen Arbeiter angekauft haben soll.

[2] Misserini Opere di Thorwaldsen I, 59.

[3] 6 Zoll 9 Linien franz.

rand no. 1588 des Verzeichnisses von De Witte, jetzt im Cabinet des médailles zu Paris[1]).

Hebe, stehend, in langem Chiton und Mantel drüber, welcher auf dem Rücken herabfallend dann von der rechten Hüfte aus quer über den Schooss hinübergezogen und über den linken Arm gelegt ist. In der vorgestreckten linken Hand hält sie die Schale, in der gesenkten rechten die Oenochoe.

Gemmen.

Die mythologischen Vorstellungen der geschnittenen Steine erfordern, auch nach der oft so sehr schwierigen Ausscheidung des nicht Antiken, eine von fast allen übrigen Denkmälergattungen abweichende Art der Benutzung. Es wird nicht geleugnet werden können, dass die Steinschneider sehr häufig aus rein künstlerischen Ursachen Motive erfanden, welche weder in der poetischen, noch der übrigen bildlichen Ueberlieferung begründet sind; und dass sie dabei mit einer, übrigens durchaus berechtigten, Selbständigkeit verfuhren, welche noch am meisten Analogie in den pompeianischen Wandgemälden und in gewisser Beziehung in den Erzeugnissen des etruskischen Kunsthandwerks findet. So würde ich an sich nicht entscheiden mögen, ob der Künstler des berühmten geschnittenen Steines, welcher zumeist auf Herakles und Iole gedeutet wird[2]), in der weiblichen Figur Iole oder Hebe habe darstellen wollen; es ist beides gleich möglich und selbst die Wiederholung der Gruppe auf Münzen[3]) wird sich zu völlig sicherer Entscheidung kaum verwerten lassen. Es würde mir ferner, da auf den Gemmenbildern Hebe zumeist nach Analogie des Ganymedes dargestellt erscheint, an sich nicht unmöglich scheinen, dass auf einem Smaragdplasma der Kestner'schen Sammlung[4]) in der neben dem thronenden Zeus stehenden und von ihm geliebkosten fast völlig unbekleideten weiblichen Figur

---

1) Fehlt bei Chabouillet. Eine leichte Skizze dieser Figur kenne ich durch die gefällige Vermittlung des Hrn. Piot zu Paris.

2) Visconti Pio-Clem. II, a, 1, 2. Köhler Gesammelte Schriften III S. 188 f. Stephani ebd. S. 351.

3) J. Friedländer Die fürstlich Waldeck'sche Münzsammlung zu Arolsen p. 15 Tafel V, 8.

4) Cades I, A, 169.

trotz des auf der anderen Seite befindlichen Eros wirklich Hebe gemeint sei. Doch ist diese Vorstellung zu vereinzelt, um den Stein unbedenklich zu benutzen. Gemmenbilder endlich, wie die bei Raspe no. 1275 und die folgenden, in welchen ein Mädchen in durchscheinendem Gewand eine Schale zum Munde führt[1]), sind an sich wenig sprechend und werden sich von einer Reihe ähnlicher, in welchen Hebe nicht wol erkannt werden kann[2]), schwerlich trennen lassen. Von wie mir scheint sicheren Darstellungen der Hebe auf Gemmen lassen sich nur zwei Typen nachweisen (A. C); ein dritter nicht ohne Wahrscheinlichkeit annehmen (B.). Zwei davon (B. C) sind in ziemlich häufigen, zum Theil ohne Zweifel modernen, Wiederholungen vorhanden.

A. Hebe, in Chiton und Peplos, mit Zweig in der linken Hand und Oenochoe in der rechten steht vor dem thronenden Zeus, im Begriff ihm die Schale zu füllen. Carneol, ohne Angabe der Herkunft, in den Cades'schen Abgüssen I, A, 168, danach abgeb. auf unserer Tafel IV, 4. Vielleicht identisch mit dem Carneol bei Raspe no. 1306, ebd. II Taf. 22 sehr ungenügend abgebildet. — Vgl Dolce Museo Denh I p. 24. C. 1. — Mittelmässige römische Arbeit. —

Von dem folgenden Typus werden ungemein viele Beispiele, und zwar stets als weiblich aufgeführt; es scheint daher hier in der That dieselbe Composition sowol für Ganymed als auch für Hebe angewendet worden zu sein. Bei den beiden folgenden Exemplaren, die ich aus Cades kenne, ist völlig sichere Entscheidung nicht möglich. Doch scheint mir nicht ohne Wahrscheinlichkeit eine weibliche Figur angenommen werden zu können. Ueber diese Frage und andere hierher gehörige Monumente vgl. Annali d. I. 1866 zu Tav. d'agg. H.

B. Hebe (?), sitzend, fast völlig unbekleidet, hält die Schale, aus welcher der Adler trinkt, zumeist mit der Klaue danach fassend[3]).

---

[1]) Vgl. Gori Mus. Flor. I, 39, 9. Winckelmann Descript. no 175. Aehnlich scheint der von Visconti Dattilioteca De la Turbie no. 95 Opere varie III p. 414 beschriebene Stein.

[2]) Vgl. Gori Mus. Flor. I, 99, 6. 7. 8.

[3]) Dass der aus der Poniatowski'schen Sammlung herrührende Carneol bei Cades I, A, 163 modern ist, zeigt auch der Eros rechts unter dem Flügel des Adlers. — In ähnlicher Weise erscheint eine Bakchantin einen Panther tränkend Gal. di Firenze V, 1, 35 p. 272. Cades II, A, 411.

1. Carneol der Kestner'schen Sammlung, bei Cades Classe I, A. 164.

2. Carneol, ohne Angabe des Besitzers, bei Cades I, A, 165 danach abgeb. auf unsrer Tafel IV, 5. Vgl. Raspe 1312—1314. Dolce Museo Denh I p. 24. C. 2.

C. Hebe, oberhalb nackt, den Adler liebkosend, welcher seinen rechten Flügel um sie geschlagen hat. Schöne Composition [1]).

1. Violette antike Paste der Stosch'ischen Sammlung im k. Museum zu Berlin. Winckelmann Descript. 174. Tölken Verzeichniss III, 2, 159. Abgeb. Millin Gal. myth. 47, 218. Hirt, Götter und Heroen no. 157. Müller-Wieseler Denkm. d. a. K. II, 3, 42 und sonst häufig.

2. Carneol, ohne Angabe des Besitzers, bei Cades I, A, 166, danach abgeb. auf unsrer Tafel IV, 3. Die Angabe 'Corniola' in Cades' handschriftlichem Katalog ist vermutlich irrtümlich, und das Exemplar mit dem vorigen identisch. Doch vgl. Raspe 1310. 1311 [2]).

Winckelmann in der Kunstgeschichte hatte ausgesprochen,

---

[1]) Nach Wieseler a. O. soll Zeus selbst als Adler gemeint und dies dadurch genauer bezeichnet sein; dass der Adler in der linken Klaue die Weltkugel halte. Welche Geliebte des Zeus gemeint sei, lasse sich schwer entscheiden, doch sei es wahrscheinlich Aegina. Mir scheint diese vorausgesetzte Weltkugel nicht eben deutlich; auch würde der Zusammenhang mit den übrigen Gemmen für Hebe sprechen.

[2]) Visconti a. O. no. 94 p. 414: Prisme d'émeraude, gravure antique. Hébé qui semble offrir à Hercule l'ambroisie, sujet rare et savant. Ich kann diese Vorstellung, welche auch der Münchener Terracotta wegen interessant wäre, aus antiken Gemmen nicht nachweisen. Ein moderner Stein dieser Art, nach der Composition von Thorwaldsen (Op. I, 8) bei Cades 72, 836, von Settari. — Deutlich modern scheint mir Cades I, A. 167; verdächtig Gori I, 56, 7 = Raspe no. 1274. Der Stein bei Raspe II, no. 1307, welchen Böttiger Ideen zur Kunstmyth. II S. 63 als 'Muster des schlechten Geschmacks aus den späten römischen Zeiten' anführt, trägt die Inschrift BROWN.F (!); die Abbildung bei Raspe II pl. 22 ist allerdings sehr schlecht. Ueberhaupt ist die Darstellung der Hebe ein sehr beliebter Gegenstand der modernen Gemmenschneider. Vgl. noch Hebe den Adler tränkend, nach einem Bild von Hamilton, von Giov. Pichler: Cades 64, 124; die nemliche Composition etwas modificiert von Calandrelli: Cades 74, 940 (mit der Inschrift APΓHOC). Hebe Mercur und Amor, nach Rafael's Composition in der Farnesina, von Giov. Pichler: Cades 63, 106. Hebe, nach Canova, von Cerbara: Cades 70, 644. Guattani Memorie enciclop. III pag. 153. tav. 3 no. 6; von L. Pichler: Cades 71, 784. Zeus und Hebe, mit Benutzung der Canova'schen, von Girometti: Guattani Mem. enciclop. VI p. 117 tav. 16.

dass ‘unter allen Bildern der Göttinnen die der Hebe am seltensten seien’[1]. Die bis hieher gegebene Uebersicht der auf unseren Gegenstand bezüglichen Monumente, welche sich in fast allen Denkmälergattungen[2] nachweisen lassen, zeigt, dass zu dieser Klage heute kein Grund mehr ist. Auf den Vasenbildern der älteren Art, welche an Festzügen ihre Freude hat, fanden wir die Göttin, dem jüngeren Epos entsprechend, von Herakles zu Wagen heimgeführt; ähnlich in feierlichem Zuge als Braut des Herakles auf dem korinthischen Puteal. In den Vasen des schönen Stils erschien sie als Mundschenkin der Götter; ebenso in den griechischen Reliefs der schönsten Epoche, und zwar zumeist als Mundschenkin des Zeus; und in diesem Sinne dient sie, wie es scheint, noch auf dem späten Relief zum deutlichen Bild der Vergöttlichung des Kaisers. Gestalt und Sage dieser Göttin war endlich Anlass nicht weniger zu der ungeschickten Verzierung etruskischen Bronzegerätes, als für unteritalische Vasenbilder der feinsten und vollendetesten Technik, und für spielende, aber ausserordentlich anmutige Gemmenvorstellungen. Aber diese erhaltenen Denkmäler sind kunstmythologisch von sehr ungleichem Werte. Es ist an sich klar, dass wir aus den Vasenbildern der älteren Art für den Typus der Hebe fast nichts anderes lernen können, als dass die Griechen sie sich in der That als ungeflügeltes junges Mädchen vorstellten, wie wir es nach der Poesie voraussetzen mussten. Wenn ferner in den übrigen Vasen Hebe in sehr verschiedner bald einfacher bald sehr reicher und geschmückter Tracht erscheint, so ist diese Verschiedenheit aus nichts anderem zu erklären, als eben aus der Verschiedenheit der Epoche und Fabrik dieser Vasen. Es verhält sich ähnlich mit der Mehrzahl der Reliefs. Auf dem altertümlichen trägt sie das Gewand altertümlich geordnet. Auf den schönen Votivbildern sehen wir die Mundschenkin der Götter einfach in der Tracht der attischen Mädchen. Es liegt eine unendliche Anmut und Feinheit in Haltung und Bewegung dieser Gestalten. Aber hierin hat die Göttin nichts vor der irdischen Jungfrau voraus: eben die selbe Gestalt kehrt auf den Familienscenen der attischen Grabsteine in eben der selben Schönheit wieder. Es

---

1) Winckelmann's Werke IV S. 120.

2) Auf den Bildern von Pompei und Herculanum sind sichere Hebedarstellungen bis jetzt nicht nachgewiesen worden.

ist eine Schönheit, welche nicht jedesmal durch den besonderen Gegenstand bedingt, sondern einer jeden Aeusserung attischer Kunst an sich eigen ist. Mit einem Worte, es könnte aus diesen Darstellungen allein nichts für den Idealtypus der Hebe gefolgert werden. Doch ist es eine nahe liegende Vermutung, dass attische Künstler die Göttin auch statuarisch in dieser Tracht ihres Landes dargestellt haben mögen, und vielleicht könnte dafür auch die eine Terracottenfigur angeführt werden. Aber es liegt in der Natur der Sache, dass nicht ein einziger Typus der ausschliessliche bleibt; und gerade bei einer relativ selten dargestellten Gottheit, musste den Künstlern in gewisser Hinsicht eine grössere Freiheit in der Bildung leicht zugestanden werden. Dass die bewusst verfahrende vollendete Kunst für die Vorstellung der Hebe die dorische Tracht wählte, ist schon früher erörtert worden, und für die künstlerische Durchbildung dieses Typus könnte das statuarische Fragment im Museo Chiaramonti einige Gewähr bieten. Dagegen die spätere Kunst eine freiere Weise liebt. So erscheint Hebe mit nacktem Oberkörper auf dem Gemmenbild, wo sie den Adler liebkost; und damit würden die Terracotten übereinstimmen. Es liegt hierbei nicht ein solcher Gedanke zu Grunde, wie etwa dass die Gottheit der Jugend die jugendlich schönen Glieder nicht verbergen solle; ebenso wenig, wie wenn sie Rafael unbekleidet darstellt, sondern die Freude an den jugendlich schönen Formen. Aber es ist schon hieraus klar, dass diese Auffassung für das poetische Phantasiebild der Hebe ihr Recht hat. Eben dies möchte ich auch für die andere späte Vorstellungsweise der den Adler tränkenden fast völlig unbekleideten Hebe anführen, welche äusserlich durch die Analogie der Ganymedesbilder veranlasst ist.

Es ist bereits erwähnt worden, dass Naukydes und Praxiteles Statuen der Hebe geschaffen haben. Es wird daher nur natürlich sein, wenn wir uns die Hebe des Naukydes als ernste sittsame Jungfrau in dorischer Tracht, mit der Oenochoe und vielleicht der Schale in den Händen vorstellen; wir werden uns ähnlich auch die Statue von Praxiteles denken dürfen, und jener schöne Torso, der nach Anlage und Durchführung auf Typen der vollendeten Kunst zurückführt, kann uns vielleicht eine ungefähre Vorstellung jener Werke geben. Aber die Vollendung des Ideals liegt im Antlitz. Aus den angeführten Denkmälern ist dafür nichts zu lernen, wie überhaupt auch in den schönsten griechischen Reliefs eine derartige ideelle Individualität in der Bildung des Antlitzes selten erreicht, oder vielmehr selten erstrebt ist. Dürfen wir dennoch weiter gehen? Könnten wir trotzdem versuchen durch Ahndung eine Vorstellung davon zu erreichen, wie die griechische Kunst die Züge der Göttin der Jugend geformt hat?

Von dem Zeusideal des Phidias ist uns in der Maske von Otricoli nur die Copie einer der lysippischen Schule angehörigen Durchbildung[1]) des selben erhalten. Aber wir können auch aus diesem Werke sehr deutlich erkennen, wie aus den Grundformen des Zeusideals dasjenige des Poseidon entstanden ist. Indem der Künstler des Poseidon[2]) die Stirn des Jupiterkopfes zurücklegte, muss notwendig auch das Kinn zurücktreten und die Haare fallen wilder rückwärts. Aus der ersten Aenderung würden sich mit organischer Notwendigkeit alle übrigen an Auge, Nase, Mund, ableiten lassen, welche die majestätische ruhige gerade Profillinie des Zeus zu dem bewegten Antlitz des immerzürnenden Meerbeherrschers verkehrt haben. Umgekehrt ist bei dem dritten Bruder, Pluto, die Profillinie vielmehr nach vorn übergeneigt worden; so muss die Stirn ohne viel Relief gebildet werden: das Kinn tritt noch stärker heraus als bei Zeus; die Haare fallen vorwärts ins Antlitz, und der olympische Gott ist zum düsteren herrschsüchtigen Fürsten der Unterwelt geworden. Auf ähnliche Weise ist der Typus des Herakles, auf ähnliche Weise ist auch derjenige des Asklepios aus dem Zeusideal herausgebildet worden. Wir erkennen an diesen Beispielen sehr deutlich das Princip nach welchem die griechische Kunst verfährt, indem sie für die Erfindung neuer Typen von vorhandenen ausgeht und diese, je nach Massgabe der Verwandtschaft und des Charakters umbildet. So wird sich, wie ich glaube, auch die nahe Verwandtschaft des Typus der Hygia, wie er wol in der schönsten Statue dieser Göttin, im Cortile des Belvedere, erhalten ist[3]), mit dem Typus

[1]) Es ist dies, so viel ich weiss, zuerst ausgesprochen worden von E. Petersen in einer These hinter der Abhandlung De Philocteta Eurip. (Erlangen 1862). Mit der Nachweisung will ich zusammenhängenden Behandlungen des Zeustypus und der lysippischen Köpfe nicht vorgreifen.

[2]) Ich denke dabei besonders an den Kopf im Museo Chiaramonti, abgeb. Visconti Mus. Chiaramonti 24. Pistolesi il Vaticano descritto IV, 55.

[3]) Visconti Pio-Clem. VII, 5. Pistolesi a. O. IV, 61.

der Athene nachweisen lassen. Es sind ferner die Grazien, welche in der späteren Auffassung immer mehr zu ausschliesslichen Genossinnen der Aphrodite werden, aus dem Ideale dieser Göttin gleichsam als verjüngte Liebesgöttinnen abgeleitet. In etwas anderer Art ist ebenso mit einer bewundernswürdigen Feinheit der Wahl aus dem selben verjüngten Ideal der Göttin der Schönheit und Liebe der Typus der Psyche gebildet worden [1]. — Wenn wir uns Bilder der Demeter und Kora vorstellen sollen, deren ganzer Mythus auf dem Verhältniss von Mutter und Tochter beruht, können wir sie uns anders denken als dass im Antlitz der Kora die Züge ihrer Mutter sich verjüngt wiederholten?

Und nun, um hiermit zu unserer Frage zurückzukehren, haben wir in den ältesten mythologischen Anschauungen die Göttin des Jugendglanzes der gesammten Natur als Kind der leuchtenden Himmelskönigin erkannt; in der homerischen Götterwelt war Hebe die dienstwillige Tochter der königlichen Hera; bei Pindar wandelt sie neben ihrer Mutter auf dem Olymp, die schönste unter den Göttinnen [2], und da Nonnos die Schönheit der Harmonia und ihrer Mutter Elektra rühmen will, sagt er von ihnen [3]

καὶ τάχα φαίης
Ἥβην χειρὸς ἔχουσαν ἰδεῖν λευκώλενον Ἥρην.

Die selbe Vorstellung dass Hebe die beständige Genossin, dass sie das Lieblingskind der Hera sei, beherrscht zum grösseren Theil die poetische Ueberlieferung wie diejenige der Bildwerke. Wenn wir also hören, dass, wie es dem Cultus selbst entspricht, des Naukydes und Praxiteles' Hebe neben Bildern der Hera standen —, sollten die Künstler die Göttin der Jugend anders charakterisiert haben, denn als Kind der Hera? sollten sich nicht in ihr die Züge der Hera in Jugendglanz verklärt wiedergefunden haben? Denn die griechische Kunst in ihrer höchsten Vollendung kennt keine abstracte Allegorie, sondern nur lebensvolle und klare Anschauung [4].

---

[1]) Ich benutze diese Gelegenheit, um zu Annali 1864 p. 145 nachzutragen, dass das Gewand der verstümmelten Psychestatue in Neapel seine Erklärung durch die Analogie des Gewandes der Andromeda in der Gruppe des Perseus und der Andromeda zu Hannover, abgeb. bei K. F. Hermann Perseus und Andromeda (Göttingen 1851) findet.

[2]) Pindar Nem. 10, 17. [3]) Nonn. 4, 18.

[4]) Bereits Böttiger Ideen II S. 289 bemerkt von Hebe: ... und Naucydes

Wenn diese Bemerkungen richtig sind — und sie scheinen mir so natürlich, dass ich fast fürchte sie zu weit ausgesponnen zu haben —, so glaube ich in der That den Typus der Hebe in einem erhaltenen Marmorkopfe nachweisen zu können. Es würde dadurch zugleich diesem Denkmale selbst eine für unser Verständniss bedeutungsvollere Schönheit zu Theil werden. Nicht als ob es des Namens bedürfte um zu gefallen. Schönheit ist Schönheit, wie sie auch heisse. Aber wenn man von Künstlern wol mitunter äussern hört, dass die mythologische Deutung einer Antike vom künstlerischen Standpunkte aus gleichgiltig sei, weil sie die Schätzung der Form als solcher in keiner Weise steigern könne, so scheint mir eine an sich richtige Bemerkung falsch angewendet zu sein. Es hat die bildende Kunst vor den übrigen Künsten voraus, dass sie über die Schranken des Volkes und der Zeit hinaus ihre Wirkung unvermittelt ausübt; sie zwingt den Beschauer in das selbe Gefühl das den Künstler beseelte, auch ohne dass er die Gründe des selben kennt. Aber indem wir diese Wirkung empfinden, würden wir häufig einem Rätsel gegenüber stehen; und wie kein Forscher nur Forscher, so ist kein Künstler nur Künstler. Ob nicht dennoch auch die Wirkung eines Kunstwerkes tiefer sei, wenn sie den Sinn des Beschauers nicht von einer Seite nur, sondern von zweien her erfasst, mag ich nicht entscheiden. Jedesfalls werden wir dem alten Künstler gerechter werden, wenn wir zu lernen und zu begreifen suchen, welche religiöse und poetische Anschauung ihn in seinem Schaffen beherrscht und bedingt hat. Erst dann wird es gelingen können zu verstehen, warum für eine Juno, eine Athene eben diese und nicht eine andere Formschönheit entstanden ist; wir werden dann die Bedeutung dieser schönen Form nicht nur empfinden und ahnen, sondern sie ihrem Sinne nach verstehen lernen, und die Weisheit bewundern, mit welcher die griechische Kunst die gewaltigsten Ideen durch die einfachsten Mittel zum Ausdruck gebracht hat.

---

schuf ihr Ideal, indem er ihre Statue der polycletischen Juno zugesellte, eine verjüngte Juno.' Dazu in der Anmerkung allerdings, dass Naukydes vielleicht sein ganzes Hebeideal aus dem Beiwort καλλίσφυρος entwickelt habe.

III.

. . . . . ὥστε τὴν ὑπὸ Πολυκλείτου τοῦ ἀνδριαντοποιοῦ ῥηθεῖσαν φωνὴν οἰκείαν εἶναι τῷ μέλλοντι λέγεσθαι· τὸ γὰρ εὖ παρὰ μικρὸν διὰ πολλῶν ἀριθμῶν ἔφη γίνεσθαι.

Philon mechan.

Der auf Tafel I en face und im Profil abgebildete kleine Marmorkopf befindet sich im Besitz des Bildhauers Eduard Mayer in Rom, welcher den selben gegen Ende des Jahres 1864 daselbst bei einem Kunsthändler kaufte. Die Herkunft liess sich nicht ermitteln; der Marmor ist griechisch, doch weder feinkörnig noch sehr weiss. Die Erhaltung des Kopfes ist fast vollkommen: nur an der linken Wange und an den Zacken der Stephane sind leichte Verletzungen sichtbar. Die Zeichnung, nach welcher die Tafel ausgeführt ist, hat die Grösse des Originals, welche vom Kinn bis zur höchsten Spitze der Stephane 0,099 M. beträgt. Ich verdanke die selbe meinem Freunde Richard Schöne.

Ein äusserer Anhalt für eine specielle Deutung fehlt. Die Stephane bezeichnet jede Göttin; die Haube ist allgemein griechische Frauentracht, wenn sie auch besonders und zumeist Jungfrauen zukommt. Nach dem allgemeinen Eindruck ist der Kopf bei dem ersten Auftauchen als Juno bezeichnet worden; doch bedarf es keines besonderen Beweises dafür, dass eine Juno in den Formen dieses Kopfes, welche die eines vierzehnjährigen Mädchens sind, nicht gedacht werden kann. Aber es lag dieser ersten Benennung ein, wie ich glaube, richtiges Gefühl zu Grunde. Ich brauche es kaum noch auszusprechen, dass ich hier nicht Hera, aber Hebe dargestellt finde. Um dies zu begründen, müssen wir uns vor allem über die Eigentümlichkeit des Heratypus verständigen, und wir dürfen hierbei das Glück wol preissen. Einmal sind uns vollendet schöne Bilder dieser Göttin erhalten, welche die besondere Auffassung sehr verschiedener Epochen auf das charakteristischste anzeigen. Es hat ferner H. Brunn die Formbedeutung des ältesten dieser Typen, aus welchem sich die übrigen organisch entwickeln lassen, mit einer Schärfe und Klarheit erläutert, wie es bis dahin einem andern Ideal nicht zu Theil geworden war[1]. —

Das homerische Beiwort welches ausschliesslich der Hera zukömmt, und also ihr Wesen am deutlichsten bezeichnet, ist *βοῶπις* —, mit den Augen des Stieres oder vielmehr mit den Augen der Kuh[2]. Das Charakteristische des Stierauges ist nur zum Theil seine Grösse im Verhältniss zu den umgebenden Theilen. Von dieser ist es unmöglich Stellung und Form zu trennen, welche beide nach aussen streben[3]. Diese selbe Eigentümlichkeit des Auges ist an dem farnesischen Herakopf im Museo nazionale zu Neapel[4] mit einer Deutlichkeit stilisiert, welche keinen Zweifel über den Sinn gestattet. Schon die Grösse des Auges an sich hat eine etwas nach aussen gewendete Stellung zur Folge. Noch deutlicher ist die Richtung des Blickes: die Sehaxen sind leise divergierend. Dieser Bewegung der Augensterne folgt die Umrisslinie der Lider. Das untere Augenlid senkt sich stark nach aussen hin; es hat seinen tiefsten Punkt nicht in der Mitte der Augenwölbung, sondern weiter nach

---

1) Bullettino d. I. 1846 p. 122—128. Ich verweise ausdrücklich auf diese Erörterung, von welcher ich hier nur wenige Sätze anführen kann. — Den Typus des Hephäst hat Brunn erläutert in den Annali d. I. 1863 p. 421—430, den des Hypnos in der Adunanz des Instituts vom 11. December 1863. S. Bullettino d. I. 1864 p. 3. Gerhard's Arch. Anzeiger 1863 S. 129* f.

2) Eine entsprechende Etymologie des Namens *Ἥρα* (= usrâ, *vasrâ) ist versucht von Sonne K. Z. X S. 366. Dass dies Beiwort wirklich ursprünglich mythologische Bedeutung hatte, lehrt unter anderm die Sage von der Io.

3) Brunn a. O. p. 124 'Ma certamente non mi sembra che solamente della forma abbia pensato Omero, ma più ancora dell' espressione di immensa forza, la quale sta nascosta nello sguardo del toro, e deriva più che dalla forma, dalla posizione degli occhi. Distanti molto fra di loro si estendono fin sotto le tempia, e perciò volgendosi sembrano co' loro sguardi abbracciare ciò che si para loro di contro, e quindi per loro si mette nell' animo nostro quella paura che si fa sentire a coloro, che trovansi cinti d'ogni parte da pericolo da cui non posson campare.'

4) Monumenti d. I. vol. VIII, 1. Annali 1864 p. 297—303.

aussen da wo der Augenstern steht, und es steigt von da rasch nach dem äusseren Augenwinkel in die Höhe. Ueber dem Augenstern bricht sich eben so, wenn auch weniger auffällig, die Schwingung des Bogens des oberen Lids [1]). Die Lider sollen den Stern schützen. Deshalb werden sie ebenda nicht schmäler sondern breiter, und sie wölben sich mächtig vor.

Durch diese Charakteristik des einen Organs sind alle übrigen Formen bedingt: die breite ruhige Stirn, die stark vortretenden Wangenbeine, die Fülle des Untergesichts. Von besonderer Wirkung ist dabei der mit lebendigster Empfindung geformte Mund. Den bewegten Formen der nach den Mundwinkeln stark herabgezogenen Oberlippe dient die feste volle Unterlippe zur sicheren Unterlage [2]). Dieser endlich entspricht die Form des vollen vorn abgeplatteten Kinns.

Die Breite der Stirn wird zugleich gemildert und in ihrer Wirkung fortgesetzt durch das Haar, das anfangs sie nur flach begränzend, dann an den Schläfen üppiger wird und in mächtigen breiten Wellenmassen zurückgeschlagen ist. Die Breite der Stirn und des ganzen Antlitzes findet endlich Gegengewicht und Halt in Höhe und Form des Schädels, dessen vollendet schöne Profillinie über jedes Lob erhaben ist. Die einfache Binde, welche um das Haar zusammen zu halten rings um den Kopf gelegt ist, macht die Form des Kopfes um so fühlbarer. Das Haar selbst ist über dem Genick zu einem mächtigen Schopf vereinigt, welcher das ganze Gefüge des Kopfes nochmals gleichsam zusammenschliesst und ein Gegengewicht gegen die Neigung des Kopfes bildet.

Die Frage, ob in diesem farnesischen Junokopfe das deutlichste und unmittelbarste Bild des polykletischen Junoideals erhalten sei,

---

[1]) Es ist bekannt, wie ähnliches in der Natur sehr deutlich bei krankhaften Affectionen des Auges beobachtet werden kann. Bei einem nach aussen schielenden Auge ist stets auch die Schwingung des unteren Lids nach aussen vertieft.

[2]) Brunn a. O. p. 127 '..... perchè la bocca nel mezzo non perdesse quella medesima energia, appunto ivi scende il labbro superiore in giù, facendo in tal guisa vedere dai lati due profonde cavità, che ricordano le due masse degli occhi: distinzione che apparisce più chiaramente per la formazione del labbro inferiore, il quale, rivolto in giù largamente e riportando una forte non divisa ombra sul mento si sottopone come semplice ma solida base alle variate configurazioni del labbro superiore: mercè le quali l'apertura della bocca viene animata'.

hat Brunn selbst aufgeworfen und zugleich, wie mir scheint, durch die einfache Bemerkung erledigt, dass, wenn dieser Typus vorpolykletisch wäre, man überhaupt nicht einsehen würde, worin das Verdienst des Polyklet bei Schaffung des Junoideals bestanden haben sollte [1]). Es spricht dafür ferner die Uebereinstimmung der Masse [2]) mit denjenigen des Doryphoroskopfes [3]) in allen dafür charakteristischen Entfernungen, eine Uebereinstimmung, welche gerade für Polyklet doppelt bedeutungsvoll ist. Es stimmt endlich der strenge Charakter mit dem überein, was von der Kunst Polyklets überliefert ist —, und ich möchte glauben, dass uns eben dieser Junokopf das schönste und deutlichste Bild von der ernsten Art jenes Meisters darbiete, in welchem seine Kunst ihren Höhepunkt erreicht hat, und dass sich dies, je weiter die Kenntniss jener Epoche voranschreitet, desto klarer und deutlicher herausstellen wird [4]).

---

[1]) Brunn beigestimmt haben E. Braun Vorschule zur Kunstmythologie zu Taf. 24. Friederichs Der Doryphoros des Polyklet S. 9. — Eine entgegenstehende Auffassung vertritt besonders Overbeck Kunstgeschichtliche Analekten no. 2. Geschichte der griech. Plastik I S. 306 ff.

[2]) Die Masse des farnesischen Herakopfes sind folgende:

Gesichtslänge	0,27	Nasenlänge	0,098
Kinn bis Scheitel	0,415	Nase bis Kinn	0,096
Ohrenabstand	0,218	Nasenflügelabstand	0,058
Innere Augenweite	0,046	Mundbreite	0,074
Aeussere Augenweite	0,15	Nasenansatz bis Ohr	0,18
Stirnlänge	0,078	Kopfhöhe	0,36

[3]) Die Masse des Kopfes der Doryphorosstatue zu Neapel sind nach Benndorfs Messungen folgende:

Gesichtslänge	0,203	Nasenlänge	0,068
Kinn bis Scheitel	0,315	Nase bis Kinn	0,074
Ohrenabstand	0,156	Nasenflügelbreite	0,045
Innere Augenweite	0,039	Mundbreite	0,053
Aeussere Augenweite	0,103	Nasenansatz bis Ohr	0,132
Stirnlänge	0,065	Kopfhöhe	0,27

[4]) Gegen den Einwand, dass der napoletanische Herakopf zu allein stehe, um diese Rückführung zu gestatten, hat bereits Brunn eine Replik zu Berlin, und einen wenigstens sehr verwandten Kopf der Galleria delle Statue angeführt. Ferner theilt mir Benndorf noch folgende Notiz mit: »1. Eine Marmorreplik der farnesischen Juno findet sich in Florenz in den Uffizien (Catalogo della R. Galleria di Firenze 1863 p. 52 no. 314. Vgl. Meyer zu Winckelmann Gesch. der Kunst Buch V Cap. 2 § 7 Anm. 16). Sie giebt durchaus den Eindruck einer genauen Copie nach Bronze. Dafür sprechen die scharf vorstehenden oberen und unteren Augenränder, die erhabenen Lippencontoure, die tiefer ausgearbeiteten Haarpar-

Die Grundformen des Typus, wie sie der farnesische Kopf darbietet, sind denn auch in der That in allen späteren Heraköpfen mannigfach modificiert und mit mehr oder weniger Schärfe, aber immer und überall kenntlich genug ausgedrückt, so gross im übrigen auch der Unterschied der Auffassung in den verschiedenen Epochen ist.

Die Wirkung des farnesischen Kopfs ruht vor allem in Schädel, Auge und Untergesicht. Es liegt eine fast an Wildheit gränzende, ungebändigte, ursprüngliche Kraft, eine dämonische Gewalt in ihren Zügen; denken wir uns dieses Antlitz in Erz, mit funkelnden Steinen in den mächtigen Augenhöhlen, so gemahnt es uns an die Göttererscheinungen bei Homer, deren Augen furchtbar für den Sterblichen glänzen. Der Künstler, der dieses Ideal schuf, glaubte die Gewalt der mächtigsten Göttin, deren Zorn der Donnerer selbst scheut; seine Hand bildete ihre Züge, wie er scheu und ehrfurchtsvoll die Gottheit empfand.

Ein anderer Geist spricht aus den Zügen der Ludovisi'schen Hera[1]). Der Sohn einer minder strengen Zeit, welche den sinnli-

---

tien, die stärkere Modellierung von Stirn und Wangen, und auch die Form der ausgebogten Stephane. Die an dem neapler Exemplar vermutete Ueberarbeitung der Thränensäcke wird dadurch bestätigt, dass sie hier ihre natürliche Fülle haben. In den Ohrläppchen sind Löcher für Ohrgeschmeide. Nase, der hintere Theil des Kopfes und die Büste sind modern. — 2. Eine zweite Replik in Cipollin ist ebenfalls in Florenz im Palazzo Çeparelli, jetzt Palazzo del ministero dell' interno. Sie hat im Haar statt des Diadems einen Reif. Die Pupillen sind angegeben. Die Arbeit ist gewöhnlich. Nase und Büste sind neu. Der Kopf ist mit den anderen ebenda befindlichen Antiken laut einer Inschrift im Hofe im Jahr 1785 von Nicol. Maria Anton. Ricciardi gekauft und dort aufgestellt worden. — Beide Repliken scheinen mir ebenso wie die Berliner in den Massen mit dem neapler Exemplar überein zu stimmen, und gehören daher in jene nicht unbeträchtliche Reihe von Wiederholungen, welche auf mechanischem Wege mit Hilfe des Punktiersystems gearbeitet wurden.«

[1]) Zur Vergleichung mit dem Hebekopfe neu abgeb. auf unsrer Tafel II nach Zeichnungen, welche F. Scalabrini mit Benutzung von dafür vom Gipsabguss genommenen photographischen Aufnahmen angelegt und vor dem Original ausgeführt hat. Die Aufstellung macht die Zeichnung des Hinterkopfes unmöglich. — Der Marmor ist griechisch. Modern ist die Nasenspitze, ein Fleck an der Stirn über der Nase links, einiges an den Flechten welche gebrochen waren, ein Stückchen hinten am Kopf. Der Hinterkopf ist nicht ausgearbeitet, die Haare bilden über dem Genicke einen Schopf. In diesem ist ein Riss, welcher auch durch den Hals geht und nach dem Gesicht hin verschwindet. Gelitten hat der

chen Ausdruck göttlicher Allmacht als das verklärte Bild irdischen Daseins empfindet, hat der Künstler den furchtbaren Ernst der Gottheit uns menschlich näher gerückt, indem er sie mit allen Reizen von Frauenschönheit umkleiden wollen.

Der farnesische Kopf geht mittelbar auf Goldelfenbein, unmittelbar auf Bronze zurück; bei dem Ludovisi'schen führen alle Anzeichen darauf, dass dieser Typus auch ursprünglich für Marmor gedacht ist, und dieser Stoff selbst erfordert eine andere Formbehandlung. Die Colossalität an sich sichert die Erhabenheit der Erscheinung, aber schon die leise Neigung des Kopfes zur Seite[1]) verursacht den Eindruck der Milde, während der farnesische Kopf gerade und fest auf dem Nacken sitzt. Dieser selben Tendenz gemäss sind alle charakteristischen Formen des Junotypus bewahrt, aber sie sind überall gemildert und gefälliger geworden[2]). Das Verhältniss der Gesichtslänge zur Breite ist in beiden Köpfen das nemliche. Aber während bei dem farnesischen Kopfe der Massstab des Eindrucks für das Auge des Beschauers nur in den eignen natürlichen gegebenen Formen liegt, lässt die hohe Stephane und die Anordnung des Haares, das in durchwundenen Flechten zu beiden Seiten herabsinkt, das Antlitz der Juno Ludovisi minder breit erscheinen, ohne dass dadurch der Haupteindruck geschwächt würde. Dort beginnt das Oval des Gesichtes in der Stirn breiter und der Schwung der Umrisslinie ist da wo die Wangen in das Kinn übergehen, plötzlich verjüngt; hier begränzt das feinwellige Haar in gefälligerer Weise abfallend die Stirn, und das ganze Oval des Gesichtes ist eine einzige in ihrem sanften Flusse nirgend angehaltene Linie. Die Richtung

---

Kopf sonst etwas durch Verstossung an Wangen, Hals, Stirn, Stephane; durch Abarbeitung namentlich an den Mundwinkeln.

[1]) Diese leise, aber sehr charakteristische Biegung des Halses ist auf allen früheren Publicationen, welche ich gesehen habe, nicht wiedergegeben, wie diese überhaupt eine neue Abbildung durchaus nicht überflüssig erscheinen liessen.

[2]) Die an einem Abguss genommenen Masse sind die folgenden:

Kinn bis zum höchsten Punkt der Stephane	0,79	Stirnlänge	0,155
		Nasenlänge	0,215
Haaransatz bis Stephane	0,11	Nasenansatz bis Kinn	0,18
Gesichtslänge	0,54	Nasenflügelabstand	0,12
Ohrenabstand	0,44	Mundbreite	0,128
Innere Augenweite	0,105	Nasenansatz zu Ohr	0,34
Aeussere Augenweite	0,30		

des Blickes ist bewahrt; aber die Augen liegen tiefer im Kopfe, ihre Form ist sehr viel weniger scharf ausgeprägt und selbst ihre Grösse beträchtlich vermindert. Die Fläche der Stirn findet ihre Fortsetzung nach unten in dem mächtigen breit gebildeten Nasenrücken; und im Verhältniss hiezu erscheinen die Formen des Mundes und des Kinnes anmutiger. Nicht zum wenigsten in eben diesem Gegensatz liegt die eigentümliche Mischung des Ausdrucks eines fast düsteren schweren Ernstes mit demjenigen einer fast anmutigen Milde.

Ueber die Wirkung dieses Werkes, dessen Erfindung man wie mir scheint mit Recht von der praxitelischen Epoche nicht viel entfernt glaubt[1]), bedarf es kaum einer besonderen Hinweisung auf die Worte, mit welchen Goethe und Schiller das selbe gefeiert haben[2]). Weniger bekannt scheint die Auseinandersetzung, in welcher W. von Humboldt das Junoideal, eben wie es in dem Ludovisi'schen Kopfe gegeben ist, erläutert hat. Es mögen deshalb hier einige Sätze W. von Humboldt's wiederholt werden, welcher, nachdem er auf den Unterschied der Behandlung dieser Göttin in der bildenden Kunst und der Poesie hingewiesen hat, also fortfährt[3]):

'.... Haben wir indess unsere Phantasie von diesen Nebenbegriffen gereinigt, so stellt sich uns in dieser Gottheit das Bild wahrer Weiblichkeit nur auf einer erhabenen Stufe dar. In keinem einzelnen Zuge drängt sie sich vor, sondern wirft um die ganze Gestalt einen zarten Schleier, durch welchen die Gottheit frei und ungehindert durchblickt. Sie zeigt sich daher auch nicht in der Beschränkung, welche ein bestimmter einzelner Zustand allemal mit sich führt; sondern umschliesst vielmehr jede noch unentwickelte Anlage, und giebt dem Verstande und der Phantasie ein unbegränztes Feld zu verfolgen. Denn nicht, wie die Göttin der Liebe, durch einladende Sehnsucht, noch, wie Latonens Tochter, durch jugendliche Unbefangenheit verrät Juno das Weib, sondern durch eine ruhige, über das ganze Wesen verbreitete Fülle. Auch der Schatten der Be-

---

1) Vgl. Friederichs in der Zeitschrift für Altertumswissenschaft 1856 no. 1.

2) Goethe Italiänische Reise I S. 250. 253. III S. 328. Schiller in den Briefen über die ästhetische Erziehung des Menschen Werke XII S. 62 f.

3) W. von Humboldt Ueber die männliche und weibliche Form Ges. Werke I S. 222. — Auch in den folgenden Erörterungen habe ich mich bemüht den in dieser Abhandlung aufgestellten Gesichtspunkten nachzugehen.

gierde verschwindet, und innere Selbstgenügsamkeit hebt sie aus dem Kreise irdischer Beschränktheit hinweg. Ihre hehre Gestalt, ihr weites rundgewölbtes Auge und der Ausdruck der Hoheit in ihrem Munde geben ihr eine Würde, welche jede Spur der Bedürftigkeit vertilgt. Indem sie aber hierin die Weiblichkeit gleichsam verleugnet, dankt sie derselben ihre ganze übrige Schönheit. Weiblich ist die Fülle ihres Wesens, eine weibliche, langsam ausströmende Kraft ihre wohlthätige Macht, und zugleich ist beides mit lieblicher Anmut und allen Reizen der Jugend geschmückt . . . . . Dennoch erscheint die Weiblichkeit nicht in ihrer ursprünglichen Beschaffenheit in ihr, nicht wie sie, noch unverändert durch die Persönlichkeit, aus der Hand der Natur kommt. Vielmehr mit der Gottheit vereint, wird sie von dieser emporgetragen. Kühner erhebt sich daher die Gestalt der Göttin, freier wölbt sich das Auge, stolzer gebietet der Mund, und frei von den Schranken des Geschlechts, ist sie allein mit den Vorzügen desselben begabt. Der Ausdruck der göttlichen und weiblichen Natur verliert sich sanft in einander, und jeder wird durch den andern gegenseitig erhöht oder gemässigt. Die üppige Fülle der Weiblichkeit, der es leicht an Haltung gebricht, wird in einen sich selbst beherrschenden Reichtum verwandelt, und die weibliche Kraft, die von äusserer Notwendigkeit abhängt, erscheint mehr durch eine innere gebunden. Wo hingegen die furchtbare Grösse der Gottheit Schrecken erregen könnte, da verbannt ihn die Sanftmut des Weibes. Durch sie erscheint der feste Ratschluss, den die Götterstirne verkündet, nicht von der Willkühr der Laune abhängig, sondern an die hohe Ordnung der Dinge geknüpft, und der feierliche Ernst, welcher die Göttin umgiebt, verliert jeden Anschein von Härte, da er aus weiblicher Zucht und Sittsamkeit hervorgeht.' —

Der Kopf der Juno Pentini, welcher in dem Braccio nuovo der vatikanischen Museen aufgestellt ist[1]), führt uns wiederum das Bild

[1]) No. 112 des Katalogs; abgeb., aber sehr ungenügend, in den Monumenti d. I. vol. II, 53. Vgl. dazu Abeken in den Annali d. I. 1838 p. 20—31. Der Marmor ist griechisch; ergänzt ist die ganze Büste sammt dem Hals, ferner Nase, Oberlippe, Theil der Unterlippe, die unteren Haarpartie'n; auch sonst einiges geflickt. Verstossen ist der Kopf namentlich vorn am Haar, über der Nase und am Kinn. Der ganze Hinterkopf wie die innere Fläche der Stephane ist nicht vollständig ausgearbeitet. Das Haar ist in anderer Weise behandelt als das Gesicht; es erscheint jetzt rauh und hatte vermutlich einen Farbenton. Der Rand

einer neuen Zeit vor Augen. In dem Streite, den Glaube und Poesie um die Götter führten, hat die letztere gesiegt. Es ist hier nicht mehr 'das Ideal einer geistigen Natur überhaupt' zum Ausdruck gebracht, welche um einen Körper anzunehmen, sich notwendig zu einem Geschlechte bekennen musste und nun das weibliche wählte'. Indem der Künstler die Gottheit darstellen wollen, schuf seine Hand ein Ideal weiblicher Schönheit und Anmut, wie es in seiner Phantasie lebte. Die Göttin neigt ihr Antlitz freundlich zu ihrem Verehrer herab. Den Schmuck des künstlich geordneten und verschlungenen Haares erhöht die reichverzierte Stephane; und während aus ihren Augen, deren Form am meisten dem gleicht was man gewöhnlich als junonisch bezeichnen hört, ein eigner Ausdruck milder Hoheit spricht, strömt aus diesen nahezu individuellen Zügen eine fast schmelzende Schönheit, die 'nicht verkannt sein möchte'.

Die Feinheit, mit welcher diese Wirkung berechnet ist, kann bei der jetzigen niederen Aufstellung leider nicht völlig zur Geltung kommen. Der Kopf ist deutlich dazu bestimmt, von unten gesehen zu werden[1]. Während der Mund so sehr verkleinert wurde, als es der Charakter des Typus irgend gestattet, und dem ganzen Untergesicht nur wenig Fülle eigen ist, sind dagegen die Stirn und alle diejenigen Theile, welche von unten aus betrachtet verkleinert erscheinen müssen, verhältnissmässig gross und bedeutend gebildet. So findet auch die Absicht der beiden stark vortretenden Punkte in dem Haare, dicht über der Stirn da wo sich das Haar theilt, ihre Erklärung und keinen andern Grund hat endlich die vornübergeneigte Stellung der Stephane, welche dadurch, mit dem Haare gemeinsam,

---

der Unterlippe ist scharf angegeben; die Richtung des Blickes ist durch leise Abplättung angedeutet.

[1]) Die Masse sind die folgenden:

Kinn bis höchster Punkt der Stephane	0,26	Kinn bis Nasenansatz	0,081
Haaransatz bis Stephane	0,127	Nasenflügelabstand	0,046
Gesichtslänge	0,24	Mundbreite	0,049
Ohrenabstand	0,172	Nasenansatz bis zum rechten Ohr	0,14
Innere Augenweite	0,041	Linker Mundwinkel bis zum linken äusseren Augenwinkel	0,092
Aeussere Augenweite	0,113	Rechter bis zum rechten	0,089
Stirnlänge	0,075	Höhe der Stephane	0,095
Nasenlänge	0,085	Kopftiefe	0,31

das Oval des Gesichtes auf anmutige Weise umschliesst und es feiner und schmächtiger erscheinen lässt.

In dem Vorstehenden haben wir sehr verschiedenartige Beispiele des Junoideals kennen lernen. Für alle finden sich in den übrigen uns erhaltenen Köpfen Analogie'n; bei der grösseren Anzahl derselben sind die Formen an sich herber und schärfer ausgesprochen, als dies selbst bei der Ludovisi'schen Hera der Fall ist. Keine Auffassung aber, und auch die mildeste und anmutigste nicht, für deren Ausbildung der zuletzt betrachtete Pentini'sche Kopf besonders lehrreich ist, lässt sich mit dem Kopfe identificieren, welchen wir hier zu betrachten haben. In diesem tritt eine durchaus eigenartige, selbständige und in der Wirkung völlig verschiedene Durchbildung derselben Grundformen zu Tage[1]).

Junonisch ist zunächst die im Verhältniss zur Höhe sehr bedeutende Breite des Kopfes. Die Entfernung von der Spitze des Kinnes bis zur Nasenwurzel ist die selbe wie die Breite zwischen den Wangenbeinen; die Entfernung vom Kinn bis zur Stephane ist etwa gleich der Breitenentfernung zwischen den äussersten Punkten des Haares. Diese Breite bedingt die grosse Tiefe des Kopfes, welche durch die das reiche Haar bergende Haube für die Wirkung noch mehr gesteigert wird. Die Entfernung vom Nasenansatz bis zum Ende der Haube ist etwa gleich der Entfernung vom Kinn bis zu dem dem Wirbel entsprechenden Punkte der Haube; sie übersteigt diejenige vom Kinn bis zum höchsten Punkt der Stephane. Junonisch ist ferner die Richtung des Blickes, die Form und die im Ver-

---

[1]) Die Masse sind die folgenden:

Kinn bis höchster Punkt der Stephane	0,099	Innere Augenweite	0,012
Haaransatz bis höchster Punkt der Stephane	0,028	Aeussere Augenweite	0,040
Nasenwurzel bis Binde	0,028	Nasenflügelabstand	0,013
Haarhöhe über der Stirne	0,014	Mundbreite	0,016
Breite des Auges	0,014	Nasenansatz zu linkem Ohr	0,045
Gesichtslänge	0,064	Nasenansatz zu rechtem Ohr	0,048
Stirnlänge	0,014	Länge des linken Ohres	0,021
Nasenlänge	0,025	Nasenansatz bis Ende der Haube	0,108
Kinn bis Nasenansatz	0,025	Grösste Gesichtsbreite	0,057
Ohrenabstand	0,052	Grösste Breitenentfernung der äussersten Punkte des Haares	0,085

hältniss zu ihrer Umgebung sehr auffällige Grösse des Auges. Junonisch ist die Bildung des Mundes. Das charakteristische des Ausdrucks im Munde der Hera liegt zumeist in den herabgezogenen Mundwinkeln. Dies fehlt hier; der Ausdruck des Mundes ist vielmehr derjenige der anmutigsten Fröhlichkeit. Aber das charakteristische der Form des Mundes in dem Heraideal beruht auf der Behandlung der den Mund umgebenden Muskeln. Der rote Lippenrand der Unterlippe ist von dem Niederzieher der Unterlippe stark nach aussen umgeschlagen; die beiden Niederzieher der Mundwinkel sind stark ausgebildet und von den umgebenden Theilen deutlich gesondert; ebenso klar sind diejenigen Muskeln angezeigt, welche die Bewegungen der Oberlippe bedingen. Diese ganze Charakteristik der Form ist bei dem Hebekopfe auf das vollständigste gegeben. Junonisch ist endlich die Form des vollen vorn abgeplatteten Kinnes, welche derjenigen an dem farnesischen Herakopfe völlig gleich ist; auch sie ist bedingt durch die deutliche Sonderung der Niederzieher der Mundwinkel vom musculus quadratus menti.

Es ist bewundernswürdig, durch welche Mittel aus diesen, dazu noch für die Behandlung in kleinem Massstab nicht günstigen, Grundformen eine durch nichts gestörte Harmonie mit dem Eindruck einer fast kindlichen Jugendlichkeit und Zartheit verbunden ist. Die Breite des Kopfes und im einzelnen die Grösse der Augen erforderte eine bedeutende Höhe; und doch konnte die Stirne nicht vergrössert werden, ohne den eigentümlichen Charakter zu zerstören. Der Künstler hat dieser Forderung genügt durch die Anordnung von Haar und Stephane. Die Entfernung von Kinn bis zur Nasenwurzel beträgt genau so viel wie diejenige von der Nasenwurzel bis zum höchsten Punkte der Stephane. Diese obere, nicht natürlich gegebene, sondern absichtlich erhöhte, Hälfte der gesammten Profillänge ist wiederum auf das feinste gegliedert. Stirnhöhe und Haarhöhe sind fast gleich; denn das Haar ist nicht bis zum unteren Rande der Stephane fortgeführt — was notwendig den unschönen Eindruck eines unnatürlich hohen Kopfes erzeugen würde —, sondern hier vermittelt die zur Befestigung der Stephane dienende Binde, deren Breite der Hälfte der Haarhöhe nahe kommt. Schon Haar und Band sind von der geraden Profillinie zurückgewichen. In belebtem Gegensatz ist die Stephane vorgeneigt und indem die Spitze der selben mit dem Kinn in die selbe Linie tritt, gewährt sie dem gesammten Profil einen festen Abschluss.

Es ist bei der Besprechung des farnesischen Herakopfes darauf hingewiesen worden, wie die mächtigen Haarpartieen an den Schläfen die Form der Stirne für das Auge des Beschauers zugleich mildern und fortsetzen. Es berührt dies ein weitgreifendes formelles Princip der griechischen Kunst, welche niemals Wirkung der Wirkung gegenüberstellt und die erste durch die zweite überbietet, sondern die Gegensätze in sich selbst sich aufheben lässt. Es ist dies nemliche Verfahren in der eben angedeuteten Weise für die Erhöhung des Kopfes, es ist mit besonderer Feinheit auch für die Breitenverhältnisse angewendet. Die im Vergleich zu dem übrigen so sehr bedeutende Grösse der Augen für den Eindruck zu mildern, würde es nicht genügt haben, dass die inneren Augenwinkel möglichst nahe aneinander gerückt sind. Hier tritt wiederum die Anordnung des Haares ein. Von der Mitte der Stirne ziemlich flach ausgehend, fällt es auf beiden Seiten in fünf immer üppiger und voller anwachsenden Haarwellen herab. So bieten diese äusseren Haarmassen, die auch hier von der Stephane unterstützt sind, gleichsam einen völligen und genügenden Hintergrund für die grossen Augen. Und hierbei ist eine neue Feinheit zu beachten. Die Vertiefungen zwischen den einzelnen Haarwellen wiederholen in ihrer Bewegung die Form des Kopfes; die Haare begränzen anmutig die Stirne und das Oval des Antlitzes ist von einer Schönheit, welche derjenigen in den beiden vollendetsten Herabildern mindestens gleichsteht. Aber die Schattenlinie welche den Contour der Wangen bezeichnet, ist, wo sie die Schläfe erreicht, nicht dem natürlichen Oval des Antlitzes folgend in das Haar übergeführt, sondern springt in die nächst äussere Tiefe des Haares ab —, wodurch von neuem der Eindruck der Breite für diese obere Partie verstärkt wird.

Ich unterlasse es Bemerkungen dieser Art weiter auszuspinnen. Wer es der Mühe nicht unwert achtet die Analyse des Kopfes nach ähnlichen Gesichtspunkten weiterzuführen, möchte leicht bei jeder neuen Betrachtung immer neue Schönheit in Form und Verhältniss, immer neue Feinheit in der Flächenbehandlung entdecken können, wie sie in der Führung von Licht und Schatten zu Tage tritt. Und doch möchte ich selbst am wenigsten behaupten, dass hier ein durchaus und völlig vollendetes Meisterwerk ersten Ranges vorliegt. Unachtsamkeiten, wie sie in der Stellung der Augen und der Arbeit des rechten Ohres hervortreten und die sorglose Ausführung des Hinterkopfes, sprechen deutlich genug dagegen. Die vollendete Schönheit der Verhältnisse aber, welche wir bewundern, ist von dem Künstler gewiss nicht durch einen bis ins einzelnste gehenden Calcül erreicht, sondern sie entsprang jener feinen und sicheren Meisterschaft des Auges und der Hand, in welcher Wissen und Gefühl sich nicht mehr von einander scheiden lassen.

In Betreff der Wirkung des Hebekopfes an sich und seines Unterschieds von dem Junoideal, wie es z. B. in dem Ludovisi'schen Kopfe vorliegt, wird es kaum noch einer Andeutung auch nach dieser Richtung hin bedürfen. In der Juno Ludovisi tritt uns die Gottheit in der Form der ihrer selbst sicheren Schönheit eines stolzen königlichen Weibes entgegen. Wenn die Königin des Olymps der Umarmung des höchsten der Götter entgegensieht, legt sie ihr Haar in zierliche Flechten und verschmäht keinen Schmuck, der der Schönheit des Weibes dient. So bekrönt hier die reiche Stephane das üppige, künstlich geordnete Haar. Wie bei dem Dichter die Göttin ihrem Gemal bald mit Schmeichelworten bald mit Grollen nahet, so thront auf ihren Lippen neben dem Zauber huldvoller Rede die Gewalt schlummernder Leidenschaft —, und jener Ausspruch Goethe's, die Juno Ludovisi sei wie ein Gesang Homers, ist um deswillen so schön, weil uns aus ihr in der That die Fülle eines ganzen Lebens mit allen seinen wechselnden Empfindungen und Leidenschaften, göttlich verklärt entgegenströmt. Dagegen wir in dem Kopfe der Hebe das Bild derjenigen Stufe des Lebens erkennen, welche die Gränze zwischen dem Kindesalter und der Jungfräulichkeit bildet. Die Stephane bezeichnet das Götterkind, die *πότνια Ἥβη;* aber der natürliche Schmuck des jugendlich vollen Haares der *καλλιέθειρα* ist als solcher nicht verwendet; es ist einfach zurückgestrichen und der Sitte griechischer Mädchen gemäss zum grösseren Theil in dem Kekryphalos versteckt. Denn jenem frühesten jungfräulichen Alter ist die eigne Schönheit und der Reiz, den es ausübt, noch verborgen. Es versinkt nicht in die Betrachtung des eignen Wesens, sondern seine Empfindungen streben in unbefangener Freude nach den Gegenständen der Aussenwelt. So sind die Blicke der jüngsten unter den Göttinnen in die Ferne gerichtet; ihre Wangen sind auch von dem leisesten Hauche der Leidenschaft und von Sehnsucht unberührt geblieben, und ihre Lippe kennt keine andere Beredsamkeit als die der eignen Macht unbewusste Sprache der Unschuld. —

In der Auffassung der Formen steht der Marmorkopf, den wir bis dahin zu erläutern suchten, in der Mitte zwischen der farnesischen und der Ludovisischen Hera. Ohne ein langüberdachtes Meisterwerk von einem der grössesten unter den griechischen Künstlern zu sein, trägt er in sich das ganze Erbtheil jener einzig wunderbaren Zeit der Kunst —, und so mag er in seiner sorglosen, morgendlich frisch' und herben Schönheit uns ein Bild des Ideals der Hebe geben, wie es des Polykleitos Schüler Naukydes geschaffen, wie es Praxiteles zu neuer Vollendung verklärt hat.

Seitdem das Vorstehende geschrieben, ist der Hebekopf in den Besitz der Frau Stieglitz in St. Petersburg übergegangen. Er ist vorher auf eine moderne Büste in Hermenform aufgesetzt worden und es ist dabei eine Reinigung des selben für nötig gehalten worden. — Abgüsse aus einer gleich nach dem ersten Bekanntwerden des Kopfes genommenen Form sind nach mehreren Orten Deutschlands gelangt.

Zeitfracht Medien GmbH
Ferdinand-Jühlke-Straße 7
99095 Erfurt, Deutschland
produktsicherheit@kolibri360.de